桃太郎のきびだんごは経費で落ちるのか？

日本の昔話で身につく税の基本

高橋創
井上マサキ

ダイヤモンド社

はじめに

この本は、確定申告の「現実逃避」から生まれました。

筆者はフリーランスのライターで、毎年自分で確定申告をしています。領収書を集めて、仕分けて、帳簿をつけて……と、確定申告はなんやかんやと面倒な作業が山積み。しかも提出時期は2月から3月。時期的に年度末が迫っており、本業だって忙しい。パソコンに向かいながら、くぅ〜と悲鳴にもならぬ声を半開きの口から漏らしつつ思ったのです。「**桃太郎だって確定申告してるのか**」と。

あれだけ金銀財宝を持って帰ってきて、税務署が黙っているわけないだろう。どんぶらこと水に流さず、桃太郎だって確定申告をちゃんとやってほしい。おじいさんとおばあさんに手伝ってもらいながら帳簿を埋めて、なんか数字が合わないんだけど？　と悩んでほしい。

……あれ？　ということは、あの財宝に所得税がかかるってこと？　そうなると犬・猿・キジにあげたきびだんごは「経費」になるのかな。いや、あの財宝はもともと村人たちの物なんだから、儲かったという話じゃないのでは……？

年度末が迫るのに考えれば考えるほど面白くなり、その年の確定申告をなんとか終えてから、抱えていた疑問をWebサイト『デイリーポータルZ』で「桃太郎のきびだんごは経費で落ちるのか」という記事にしました。税理士監修のもと、『桃太郎』だけでなく、『わらしべ長者』や『鶴の恩返し』など、昔話のあれこれを令和の税制で考えてみたのです。この記事が好評となり、あれよあれよと話が進み、この本が出るに至りました。現実逃避もやってみるものです。

記事を書くにあたり、「こんなすっとこどっこいな疑問に答えてくれる税理士さんはいませんか」と呼びかけたところ、紹介してもらったのが高橋創税理士でした。

高橋さんは新宿2丁目に事務所を構える税理士でありながら、新宿ゴールデン街のバー『無銘喫茶』のオーナー。店で「確定申告酒場」を開いて税金相談に答えたり、YouTubeチャンネルを運営したり……と、税理士のお堅いイメージを覆すべく精力的に活動されています。事務所のPRのため、プロレスのインフォマーシャルマッチも企画したとか（還付金をもらいたいレスラーたちが凶器を必要経費で揃えたりするものだったそう）。

そんな高橋さん、もちろん昔話にもノリノリでお付き合いいただきました。本書の打ち合わせでも「固定資産税がかかりそうな昔話ないですかね」など、後にも先にもこんな会話ないだろうなという内容で、終始笑いが絶えないものになりました。

ちなみに本書に登場する同じ名前の税理士はフィクションであり、高橋税理士とは（一部）違う人格です。あらかじめご了承ください。

＊＊＊

現実逃避から生まれた本書ですが、「日本の昔話」を通じて、楽しみながら税金の基本を学べるものになりました。

登場する昔話は『桃太郎』『舌切り雀』『浦島太郎』『かちかち山』など、誰しも聞いたことがあるものばかり。

「きびだんごは経費になるのか」「大きなつづらは贈与税の対象か」「竜宮城にいるあいだ、税金を滞納するとどうなるか」などなど、思わぬ事態に右往左往する登場人物たちの様子を見守るうちに、自然と税金の知識が身につくようになっています。

「税金のことを知ったほうがいいのはわかるけど、なんとなく後回しにしている」
「経費とか控除とか名前は聞いたことがあるけど、勘でやり過ごしている」
「今さら基本的なことを聞くのは恥ずかしい」
「税金の本は専門用語が多くてわかりにくい」
……

そんな方でも気楽に読めて、わかりやすいものを目指したつもりです。あの日、半開きの口からうめき声をあげていた自分でも読めるように、と。

本書を通じて、税金の世界が少しでも身近なものになったら幸いです。

井上マサキ

桃太郎のきびだんごは経費で落ちるのか◎目次

第1章 鶴の恩返し

鶴の「食費」は経費になる？

高橋税理士の解説

第2章

桃太郎

きびだんごは経費で落ちるのか？

高橋税理士の解説

第5章

うばすて山
置き去りにした母が残した遺産、相続できる？

第6章

舌切り雀&笠地蔵
大きな「つづら」に贈与税はかかるのか？

第7章 かぐや姫

「かぐや姫被害者の会」の告発

第8章 かちかち山

昔話のなかの「医療費」

第9章 三年寝太郎&金太郎

子供がいる家庭の税金

最終章 浦島太郎

税金を払わないままだとどうなる？

高橋税理士の解説

第1章「鶴の恩返し」

鶴の「食費」は経費になる？

「鶴の恩返し」のあらすじ

ある日、男は罠《わな》にかかった鶴を助けました。
その夜、道に迷ったという娘が男の家を訪ねてきます。
娘は泊めてもらったお礼にと、機織《はたお》り部屋で反物を織りました。
「決して部屋を覗《のぞ》かないでください」という条件付きで。
反物は高値で売れ、次の日も娘は機を織りつづけます。
男は娘が気になり、部屋を覗いてみると、
一羽の鶴が自分の羽根を抜いて機を織っているではありませんか。
姿を見られたことに気づいた鶴は、空へ飛び立ってしまいました。

高層ビルが立ち並び、昼夜問わず多くの人びとが行き交う眠らない街・新宿。

……の片隅の片隅、少しくらいは眠るエリアにある雑居ビル。今にも止まりそうなエレベーターに乗って４階で下りると、「高橋税理士事務所」というプレートがかかったガラス戸があります。そこが私の職場です。そうです、私が高橋です。どうぞよろしく。

事務所といえども所員は私だけ。細々と仕事を続けていたんですが、最近なんやかんや忙しくてアルバイトを雇うことにしました。友人の友人の、そのまた友人経由で紹介されてやってきたのは、大学生の小沢くんです。

高橋税理士（以下「高橋」）

この事務所で税理士をやってる高橋です。今日からよろしくね。

アシスタント小沢くん（以下「小沢」）

はーい！　よろしくお願いします！

高橋　わからないことだらけだと思うけど、なんでも聞いてもらっていいから。

小沢　わかりました、先生！

高橋　ちょっと、先生だなんて照れるなぁ。そんなに偉いわけじゃないからさ……。

小沢　じゃやめます。高橋はここに来て長いの？

高橋　やっぱり先生でいいよ。

小沢　先生はこの辺りでお仕事されて長いんですか？

高橋　ちゃんと丁寧に言える子で安心しました……。そうだね、もう10年近くなるかなぁ。この辺は飲食店も多いし、小さなお店もたくさんあるでしょ？　皆さんの税金に関するお手伝いをずっとしてますね。

小沢　なるほどなるほど。……あ、なんかドアのガラスに誰か映ってますよ。

高橋　ホントだ、人影がウロウロしてる。お客さんかな……。はい？　どうされました？

男

あ、あんた……税金のなんかの人かい……？

高橋　はぁ、まぁそうですが。

男　助けてくれ！　とんでもねぇ悪代官に、酷《ひど》い目にあわされてるんだ！　このままだと、このままだとうちの財産が……！

高橋　まぁまぁ、落ち着いて。こちらにお座りください。ちょっと待ってくださいね。

小沢　先生……！　ちょっとこっちに……。なんですかこの人⁉　悪代官とか言ってるし、なんか浴衣みたいなの着てるし。

高橋　昔話から飛び出てきたみたいな人だよね。そういう設定のお店でもできたのかな。

小沢　確かに忍者屋敷みたいな店はありましたけど……。

高橋　昔話の世界で飲めるお店なんじゃない？　でも悪代官ってなんだろうね。そういうプレイかな（笑）。

小沢　店長のことを裏でそう呼んでるんじゃないですか（笑）。

男　なにを2人でごちゃごちゃ言ってるんだ！　こっちは困ってるんだ！

高橋　はいはい、すいません。今日はどういうご用件で。

男　話すと長くなるのだが……。先日、家に女が訪ねてきてな。夜も遅かったから泊めてやったんだ。すると翌朝、「泊めてくれた恩返しに」と言って、奥の間で反物を織り始めた。反物は高値で売れたのだが、織る姿は見せてくれない。女からは「決してふすまを開けてはいけません」と言われていたのだが……。

小沢　『鶴の恩返し』の人だ……！

男　なぜ女が鶴だったと知っているんだ。こっちは腰を抜かしたんだぞ。

高橋　まー、人が鳥になったら普通ビックリしますもんね。
小沢　……この人、全然設定からブレませんね。
高橋　なんかもう面倒だから、本当の鶴の恩返しの人として接することにしようか。
男　また何かごちゃごちゃ言ってるな。
高橋　いえいえこちらの話です。じゃあその、鶴の恩返しの方が、今回どうしてこちらに？　さっき悪代官がどうとか……。
男　それだ。昨日、代官の使いの者が来て、反物で儲かった分から所得税を払えと言われてな。
小沢　所得税？　その世界観なら年貢じゃないですか？
高橋　最近の昔話は残酷な結末がマイルドなものになったりして、時代とともにアップデートしているからなぁ……。税制が令和のものになってもおかしくないかもね。
小沢　そういうもんですかね。
男　それで、代官は「売上から経費を引いて税額を申告せよ」と言うんだが、俺は町で商売をしたのが初めてで、そういうのはさっぱりでな。面倒だから、「経費ってやつは無いです」って返事したんだ。そうしたら、あとから高額な税金を請求されて……。

小沢　あー、それはひどい！

男　反物を売った金は借金の返済に使っちまったし、全額払うとなったら家財まるごと売らねばなんねぇ……。あんた税金の専門家だろう？　俺を悪代官から救ってくれねぇか！

小沢　これは先生、出番なんじゃないですか!?

高橋　はぁ。

小沢　あれ？　全然やる気ないじゃないですか。やっぱり昔話の設定に乗れないんですか？

高橋　いや、その、**悪代官でもなんでもない**じゃないかと……。

男　なんだと!?　無茶な税金をふっかけて、私腹を肥やしてるようなやつだぞ！

小沢　そうですよ！

高橋　いやいや、むしろちゃんと経費を申告させる、いい代官じゃないですか。**あなたの申告では税金が上がるのも無理はありません**よ。

◉経費は「お金を稼ぐために使ったお金」

男　そう……なのかい……？　というかその、代官がいう申告ってやつはなんなんだ？

高橋 今でいう「確定申告」でしょうね。収入から経費を引き、利益を計算して、そこにかかる税金を申告するんです。

男 ……？

小沢 先生、日本語でお願いします。

高橋 日本語なんだけどな……。えっと、例えば、物を売るとお金がもらえますよね。でも、物を作るにはお金がかかる。**物を売って得たお金が「売上」で、かかったお金が「経費」です。売上から経費を引いたのが「利益」**になります**（図1）**。

小沢 代官が「売上から経費を引いて」って言ってたのがこれですか。

高橋 そうそう。所得税は利益に対してかけられるから、「今年はこれくらいの利益でした。なので税金はこれくらいです」って伝えるわけ。それが税金の世界で〝申告〟と呼ばれるものです。

小沢 もらったお金とか、かかったお金とか計算するの、めちゃくちゃ大変じゃないですか？ 誰か代わりにやってくれたらいいのに。

高橋 それが僕の仕事なんだけどね……。

男 ちょっと待ってくれ。俺は代官に「経費ってやつはないです」って言っちまったんだ

図１　「お金を稼ぐためにに使ったお金」が経費

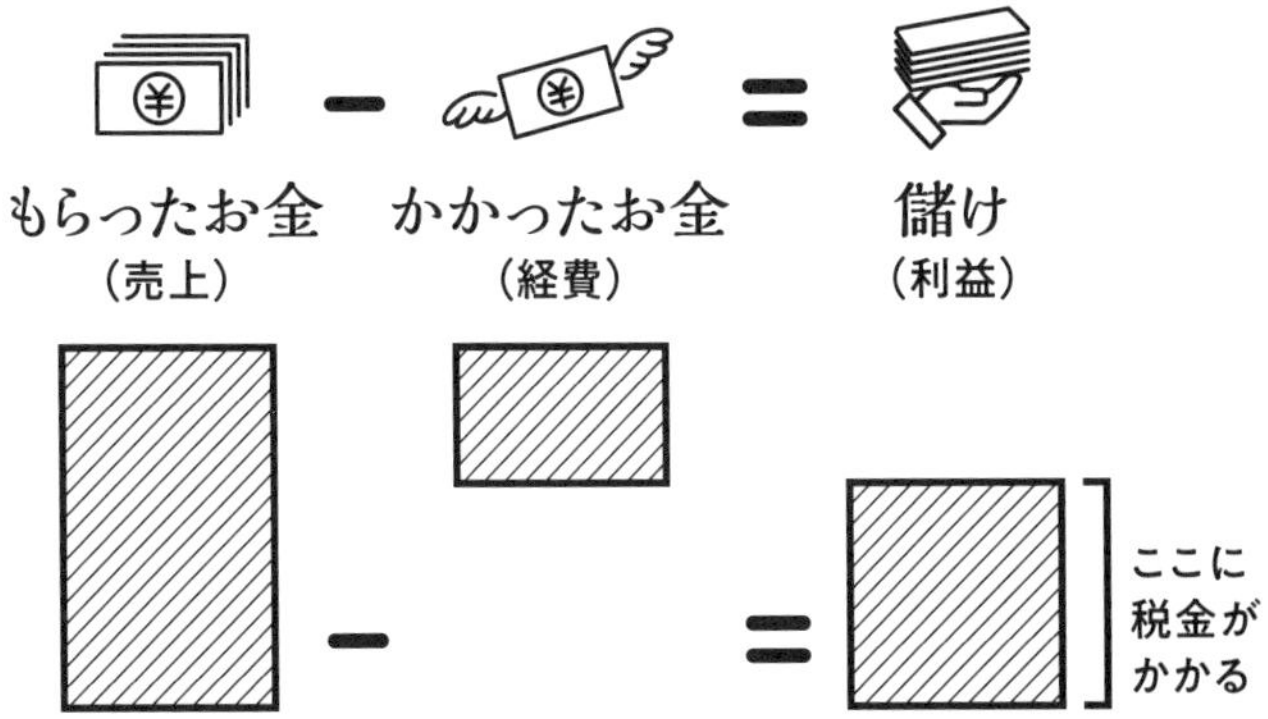

が、そうなると何が起きるんだ？

小沢　経費って、物を作るのにかかったお金、でしたっけ。

高橋　そうだけど、それだけじゃない。作った物を運ぶお金とか、作った物を宣伝するお金とかも経費になる。ざっくり言うなら**「お金を稼ぐために使ったお金」**が経費なんだよ。

小沢　えー、なんか面倒くさいですね。僕も「ゼロでいいです」って言っちゃいそう。

高橋　それって、かかったお金を無視することになるよね。**本来の利益よりも、ものすごく儲かったように見えちゃう**んだよ。

小沢　ん？　どういうことですか？

高橋　例えば、３０００円かけて作ったものを1万円で売ったとするね。儲けはいくら？

小沢 1万円－3000円で、7000円の儲けですよね。

高橋 でも、かかったお金を無視して0円にしちゃうと「10000円儲かったぞ！」ってなるよね。そんなわけないのに。

小沢 あ、ホントだ。

高橋 そして、税金は利益に対してかけられるから……。

小沢 利益が余計に増えちゃうと、税金も余計に取られちゃうってことですか!?

高橋 そうなる。

小沢 絶対損ですよ！　そんなことする人いるんですか？

高橋 ハイ、それがこちらの方です。

男 ぐぬぬ……。

小沢 なんだ。自業自得ですね。お引き取りください。

男 さっきあんなに味方になってくれたじゃないか……！

小沢 ハイハイ、そろそろお店に戻ってくださいね。悪代官に怒られちゃいますよ。

男 おい！　離せって！

高橋　まぁまぁ、ちょっと待って。このままお帰りいただくのもかわいそうだし、一緒に「鶴の恩返し」にかかる経費を考えてみましょうか。

◉鶴の世話にかかったお金は経費になるのか？

高橋　繰り返しますけど、経費の基本は「お金を稼ぐために使ったお金」でしたよね。

男　あぁ、さっき聞いたな。

高橋　つまり、商品を作る材料費も、稼ぐために使ったお金です。というわけで、反物の原材料は……。

小沢　鶴の羽根ですよね！　体から一本一本、抜いては織り、抜いては織り……。

高橋　痛そうに言うなぁ……。でも、羽根だけじゃ反物はできないんだよ。肌にあたったらチクチクしてしょうがないもんね。確か、羽根とは別に、糸が必要でしたよね？

男　そうだ、鶴から「布を織りたいので糸を買ってきてほしい」と頼まれた。最初に糸で反物を織って、その中に羽根を織り込んでいたらしい。

高橋　なるほど。糸は反物の原材料なので、これは経費としていいでしょう。

小沢　おぉ、よかったですね。

男　なるほど、そう考えるのか。

高橋　これが例えば工場なら、設備の購入代金だったり、機械を動かす電気代だったりも経費になる。まぁ、昔話に電気はないけどね。

小沢　じゃぁ糸は経費になるとして、もうひとつの材料、**鶴の羽根は経費になるんですか？**

男　そうだ！　羽根を作り出すのだってタダじゃないぞ……？

高橋　と、言いますと？

男　あの反物を作るには鶴の羽根がいる。上質な羽根を生み出すには、鶴が健康じゃなきゃいけない。俺は鶴の世話をしていたわけで、**その世話にかかったお金も経費になるんじゃないか？**

小沢　あぁ〜！　だって、ご飯も用意しないといけないですもんね。

男　そうだぞ、寝床だって提供した。十分な睡眠時間がなかったら羽根の質も下がるだろう？

小沢　ってことは、これって家畜を飼うのと考えかたは同じじゃないですか⁉

男　それだな！　市場には卵もある。ニワトリが卵を産むには、エサもいるし寝床もいる。その世話にかかる金は、まさに「稼ぐために使ったお金」じゃないか。

小沢　本当だ！

男　というわけで、鶴の食費は経費になるよな？

小沢　なりますよね？

高橋　わかりました。では、結論から申し上げます！

男・小沢　……。

高橋　**結論！　経費にはなりません！**

男・小沢　なんで!?

◉鶴が反物を織ったのは「誰の意思」なのか？

高橋　あのですね……。あなたは**反物を作らせるために食事を与えていたわけじゃない**んです。

男　どういうことだ？

高橋　そもそも鶴が反物を織り始めたのって、鶴が自分から言いだしたんですよね？

男　おぅ、「泊めてくれた恩返しがしたいから」と言ってな。

高橋　あなたが「こいつに反物を織らせてひと儲けしよう」と思って働かせたわけじゃないですよね？

男　いや、そんなつもりは……。反物を町で売るのも、鶴が言いだしたことだし……。

高橋　反物を織っているとき以外も、普通に一緒に生活していましたよね？

男　そ、そうだな……。

小沢　美しい女性とひとつ屋根の下に暮らすとなれば、よこしまな思いもあったでしょ？

男　それは経費と関係ないんじゃないか？

高橋　これが家畜と違うところです。**反物を織ったのは鶴の意思であって、あなたが反物を織らせるために食事を与えたわけではない**。つまり、鶴の食事と反物には因果関係はないんです。僕だったら食費を経費とは認めないですね。

男　そうなのか……。

高橋　だいたい、その論理だと「ご飯を食べないと仕事できないんです」って人は、みんな食費が経費になっちゃいますよ。

小沢　僕はおやつにアイスがないと働く気にならないんですけど。

高橋　だからといってアイスは経費にならないよ。仕事してなくても、生きてるだけでご飯もアイスも食べるでしょ？　鶴も羽根だけのためにご飯を食べてたわけじゃないんだから、食費は経費になりません。

小沢　え〜？　でも、モデルさんとか体型を保つために食事に気を使ったりするじゃないですか。あれは仕事と食事が関係あるんじゃないですか？

高橋　それも経費にするのは難しいだろうな……。例えば、マッチョを仕事にしている人が、筋肉を作るために飲むプロテインは経費になると思う。仕事（筋肉）とプロテインは因果関係がありそうだから。あくまで**稼いだお金と直接関係しているか**、ってのが重要なんだ。

小沢　ですって。

男　そう言われちゃ仕方ないな。鶴の食費を経費にするのは諦めよう。

小沢　そうですね。そもそも恩返しに来た人を家畜呼ばわりするなんて、とんだ恩知らずですし。

男　あんたが言ったんだよ！

◉ふすまの向こうは「経費の対象」

高橋　食費は経費にならないですけど、まだ経費として計上できるものがありますよ。失礼ですが、あなたの家は賃貸ですか？　持ち家ですか？

男　賃貸だ。庄屋さんから借りている。

高橋　なるほど。絵本によって間取りは違うと思いますけど……。鶴が「決してふすまを開けないでください」と部屋に閉じこもるということは、煮炊きをする部屋と、鶴が機を織る部屋は別ですよね？

男　その通りだ。鶴は奥の部屋で反物を織っていた。

小沢　で、約束を破ってふすまを開けたんでしょう？

男　そ、そうだな……。

小沢　自分の羽根をちぎりながら一生懸命恩返しをしていたのに。

男　……。

小沢　それなのに家畜呼ばわりしちゃうんだから。

男　家畜って言ったのは俺じゃない！

高橋　まぁまぁ。この人も反省してるんだから、いいじゃないか。

男　俺じゃないって！

高橋　話を戻しますけど、鶴が反物を織っていた部屋は**「作業場」として経費の対象になります**。今回の場合なら、全体の面積に占める作業場の割合に、家賃をかけたものが経費と考えられますね**（図2）**。

小沢　これって鶴じゃなくても、家で仕事をする人なら、同じように経費にできるんですか？

高橋　そうそう。フリーランスみたいに自宅で作業している人は、作業部屋が経費の対象になる。家賃のほかに、電気代などの光熱費も事業で使った分は経費になるよ。

男　最初に賃貸か持ち家か聞いたのはなんだ？

高橋　持ち家なら、別の誰かに家賃を払うってことはないですよね。あと、仮に住宅ローンを払っていても、ローンの元金返済は経費にできません。

男　ローン……？

高橋　現代の話なので気にしないでください。ちなみに、あなたの家の間取りと面積はど

図２　鶴が反物を織っていた部屋は「作業場」として経費の対象になる

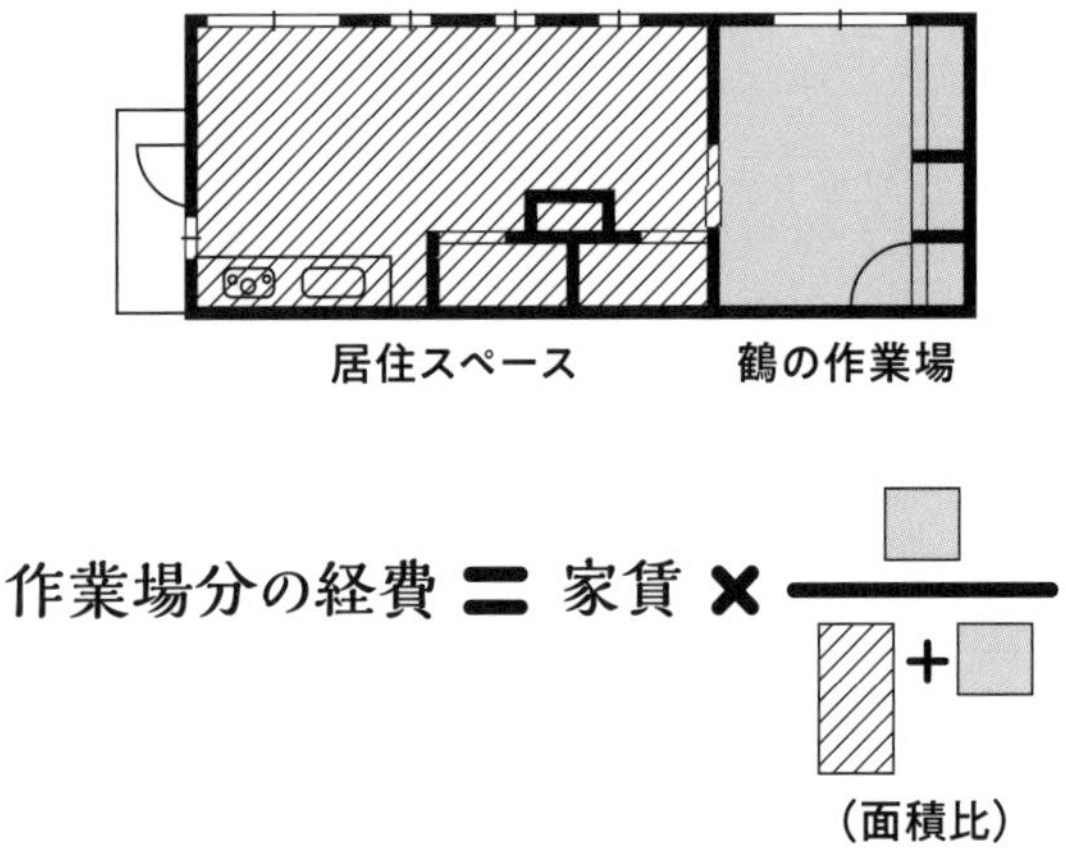

うなってますか？

男　奥の部屋は四畳半、土間と小上がりは合わせて六畳ぐらいだから……。

高橋　ということは……。面積ベースで考えると、家賃と水道光熱費の約43％が経費になりますね。あ、パーセントがわからないか。えっと、４割３分が経費になります。

男　おぉ、結構大きいな！

小沢　よかったですね！

高橋　というわけで、反物の原材料である糸の代金と、作業場分の家賃は、代官に経費として申告していいでしょう。

男　いやぁ、これで助かった。さすが先生だ。

高橋　お役に立てて何よりです。

小沢　まとめると、この人は**ふすまを開けたことで、鶴も反物も経費も、全部失った**んですね。
高橋　そういうことになるね。
男　……。
高橋　人との約束はちゃんと守ろうね。
小沢　はーい。
男　……そろそろ失礼するよ。

高橋税理士の解説

それは経費？　経費じゃない？大切なのは「説明できる」こと

ランチを食べたりお酒を飲んだりしたあと、レジで「領収書ください」と言っている人を見かけたことはありませんか。特に会社経営者や個人で商売をされている方は、領収書をたくさん集めていますね。

そんなに領収書ばっかりもらってどうするんだろう、切手みたいにコレクションしてるのかな？　と思われるかもしれませんが、別に皆さん領収書が大好きで集めているわけではありません。その先の「経費」が大好きなんです。

領収書はかかった経費を証明するための書類。領収書をたくさん集めれば、経費がたくさんかかったことが証明できます。経費がたくさんあれば、所得税の負担を減らすことができるんです。さらに住民税や国民健康保険料をも減らす効果があります。

いうなれば領収書は、**税金の「キャッシュバック」**のためにあるもの。一生懸命集める気持ちもわかりますね。

ではなぜ、経費がたくさんあると所得税の負担が減るのでしょうか。

例としてアリとキリギリスに登場してもらいましょう。2人とも商売をしていて、どちらも年間の売上は200万円とします。仲良しですね。

ただ、性格は真逆です。几帳面なアリは領収書をきっちり保管し、めんどくさがりのキリギリスは領収書を片っ端から捨てています。確定申告の時期がくると、アリは領収書を集計して100万円の経費を計上し、キリギリスは領収書がないので経費ゼロで申告しました。

仮に、2人の税率がともに20%だとすると、それぞれの税額は……

アリ (200万円－100万円)×20%＝20万円

キリギリス 200万円×20%＝40万円

と、なります。アリの税金のほうが少ないですね。計算式をよく見ていただくとわかりますが、アリは経費の額（100万円）に税率（20％）をかけた分（100万円×20％＝20万円）だけ、税金が減っているんです。キリギリスはめんどくさがりのせいで、倍の税金を払うことになってしまいました。

このように、**領収書があればあるほど税金を減らすことができます**。税金を払うのが好きで好きで仕方がない人以外は、しっかり領収書を保存して経費をもれなく計上する、まさに「アリ」のごとき努力が必要になるわけです。

◉「本当に商売に必要なお金」が経費になる

しかし、領収書があればなんでもかんでも経費として認めてもらえるわけでもありません。

私たち税理士のところには、お客さんからたくさんの領収書が届きます。その中には、ペットフードやベビー用品などの「これ、どう考えても生活費ですよね……」というものや、ラブホテルの宿泊費といった「こういう領収書は人に見せないほうが……」と思うようなものまで、色々なものが混じっています。

いったいどこまでが必要経費といえるのか？　法律では経費を「本当に商売に必要なもの」に限定するため、以下のように定めています。

(1) 総収入金額に対応する売上原価その他その総収入金額を得るために直接要した費用の額

(2) その年に生じた販売費、一般管理費その他業務上の費用の額

(1)は売上との直接的な関係があるもの（『鶴の恩返し』でいえば糸）、**(2)は売上に直結しないが商売上は必要なもの**（『鶴の恩返し』でいえば家賃）を指します。裏を返すと、こういったもの以外は経費に認められません。『鶴の恩返し』では、売上にも商売にも関係ない食費は経費に認められませんでしたよね。

また、『鶴の恩返し』での家賃のように、「生活のための支払い」と「商売のための支払い」が混ざっている場合は、「この部分は商売で使っているので、全体の○割が経

費です」という計算が必要です。ただ、なんの根拠もなく「自分は毎日全力で商売に向き合っているので100％経費です」などと説明しても税務署に却下されてしまうので、計算の根拠はちゃんと説明できるようにしましょう。

【計算根拠の例】

家賃、自宅の減価償却費など
↓
事業として使用している面積の割合（平米数、部屋数など）

電気代、水道代、ガス代など
↓
事業として使用している面積の割合、業務時間と在宅時間の割合など

インターネット使用料、携帯電話代など
↓
業務連絡とプライベートの割合、業務時間と在宅時間の割合など

車検費用、ガソリン代、車の減価償却費など
↓
使用日数や走行距離などの割合など

◉ユーチューバーの「洋服代」は経費になる？

さて、最近私たち税理士の頭を悩ませているのがユーチューバー、インフルエンサーなどのインターネットを使った新しい商売。前例がないんですよね……。

その中でもよく質問を受けるのが「洋服代」です。「使っている姿が映像や写真に残っているし、経費にできますよね!?」と前のめりに聞かれることもしばしば。それなら経費にできるかな……と思いつつ、先ほどの家賃のように生活（普段着）と商売（衣装）が混ざることもあるし……と、なかなか悩ましい問題です。とりあえず、私のなかではこんな感じで基準を設けています。

◎工事現場などの作業着、ホステスさんのドレス➡その場でしか着ないので経費

◎ユーチューバーやインフルエンサーの洋服（衣装）➡原則としては経費でよい。しかし全部を経費にできるかは未知数。生活／商売の比率を決めて経費にするのがオススメ。

◎普段着⬇生活費なので経費にはならない。

これは洋服に限った話ではなく、映像や写真に写り込むさまざまなもの（小道具など）にも共通します。相談を受けた際は「**撮影後も個人的に使うかどうか**」などを考えて割り振ったりはしますが、毎度頭を悩ませる部分ではありますね。

確定申告では、そんな悩ましい部分にも何らかの基準を作り、経費かそれ以外かを判断しなければなりません。とにかく大事なのは、経費であることをきちんと説明できるかどうか。税理士や税務署の方をちゃんと納得させられるような「経費の基準」を、しっかり考えておきましょう。

第2章「桃太郎」

きびだんごは経費で落ちるのか？

「桃太郎」のあらすじ

おばあさんが川で洗濯をしていると、
川上から大きな桃がどんぶらこと流れてきました。
桃を持ち帰り、おじいさんと2人で割ってみると、中から元気な男の子が。
「桃太郎」と名付けられた男の子はやがて成長し、
鬼ヶ島へ鬼退治へと出かけます。
おばあさんが持たせてくれたきびだんごで
犬・猿・キジが仲間になり、鬼ヶ島へ。
見事鬼を退治した桃太郎一行は、
鬼ヶ島から財宝を持ち帰ったのでした。

高橋税理士（以下「高橋」）

……これでよし、と。やれやれ、やっとひとつ片付いたぞ。小沢くん、そろそろ3時だからお茶にしようか。

アシスタント小沢くん（以下「小沢」）

ふぁい、ほうひまひょう。

高橋　もう何か口に入ってるけど。

小沢　あ、ひとつどうです？　近所の和菓子屋さんでお団子買ったんです。

高橋　へぇ〜。みたらし団子だ。美味しそうだね。

小沢　じゃぁお茶入れますね。それにしても、あの『鶴の恩返し』のお客さん、なんだったんですかね。

高橋　あれねぇ。気になってこの辺のお店に聞いてみたんだけど、昔話コスプレの店なんて聞いたことがないそうだよ。

小沢　そうなんですか。ひょっとして、テレビのドッキリだったりして。

高橋　うちの事務所が有名になるならドッキリくらいいいけど、そろそろネタばらししてほしいなぁ。それともだいぶ悪意のある番組なのか……。

？？　ごめんください。

小沢　あ、お客さんですね。はーい、なんでしょう？

おばあさん　すいません、高橋税理士事務所さまというのはこちらでよろしかったでしょうか。

小沢　（バタン）

高橋　ダメだよドア閉めちゃ！　どうしたの？

小沢　い、今……おばあさんと桃太郎がいたんですよ……着物と鎧《よろい》が混じったような服着て、「日本一」って書いた〝のぼり〟を持ってて……。

高橋　それは……完全に桃太郎だね……。

小沢　まだドッキリが続いてるってことですか……？

高橋　とりあえず僕が出ようか。……あ、すいません、急に閉めちゃって。とりあえずお2人とも中にどうぞ。こちらにお座りください。

おばあさん　よかった、こちらで大丈夫だったんですね。

高橋　ちょっとびっくりしちゃいましてね……。あ、〝のぼり〟はそこの傘立てにお願いします。で、本日はどんなご用件で?

おばあさん　税金のことで相談にうかがいました。『鶴の恩返し』の方に聞いたんです。こちらに大変親切に相談に乗ってくださる方がいらっしゃると。ですから、私たちの悩みも聞いていただきたくて……。

高橋　あの方とお友達なんですね。それで、こちらの方はやはり、その……。

おばあさん　桃太郎です。

高橋　ですよね。

小沢　こんにちは!

桃太郎　……。

小沢　こーんにーちはー!

桃太郎　……。

高橋　無視されてるね。

おばあさん　お気を悪くなさらないでください。この子はその……私たちと動物にしか心を開かなくて……。

小沢　桃太郎にそんな設定ありましたっけ⁉

おばあさん　設定もなにも、こういう子ですから……。

高橋　言われてみれば確かに、おじいさんおばあさん以外の人間と桃太郎が会話している場面を見たことがないな……。

小沢　動物とはあんなにアクティブにしゃべるのに？

高橋　会ってみないとわからないことってあるね。それで、ご相談というのは？

おばあさん　実は、この子が鬼ヶ島から持ち帰った財宝のことなんです。『鶴の恩返し』の方がいうには、「稼いだお金には税金がかかる」んだとか。ということは、あの財宝にも税金がかかるのではないかと……。

高橋　なるほどなるほど。それで心配になってこちらに。

おばあさん　はい。ただ、あの財宝は、もともと鬼たちが私たち人間から奪い取ったものです。**盗まれたものを取り返しただけなのに、税金を取られるんでしょうか？**

◉奪い返した財宝は「所得」になるのか？

おばあさん　この子は村人のためを思って、鬼を成敗しただけなんです。それなのに、税金まで持っていかれるかと思うと不安で不安で……。うちはおじいさんの柴刈りしか収入がないんですよ？　それなのに財宝まで持っていかれては……先生、どうにかなりませんか？

高橋　あー、そういうことですか。それはですね……。

小沢　すいません！　ちょっといいですか。

高橋　あ、はい。

小沢　僕、前々から気になってたんですよ。『桃太郎』のお話って、桃太郎が鬼ヶ島から財宝を持って帰るところで終わっていますよね。「幸せに暮らしましたとさ」って。

おばあさん　そうですね。

小沢　あの財宝、おじいさんとおばあさんの家にあったものだけじゃないですよね？

おばあさん　……と言いますと？

小沢　村人みんなから奪った財宝も、あの中に含まれてないですか？　もっと言うと、鬼は他の村も襲ってたのかもしれませんよね？　それなのに、おじいさんおばあさんが財宝を独り占めするのって、なんかおかしくない？　って。

高橋　なるほどね。他人の財産まで自分のものにしている、と。

小沢　あと、結局桃太郎たちも力ずくで宝を奪い返してますよね。話し合いなんて全然しないし。「暴力で宝を奪う」って意味では、鬼たちと同じ罪を犯してるんじゃないかって思うんですよ。桃太郎さん、そこのところどうなんですか⁉

桃太郎　……。

おばあさん　そうおっしゃいますけど、この子が鬼を倒さなかったら、もっと被害者が出たかもしれないんですよ？　それをこちらは、自腹できびだんごも刀も用意して、命まで危険にさらして……。むしろ感謝してほしいくらいです。

小沢　当然の報酬だってことですか。

おばあさん　当たり前です。

小沢　報酬ってことは、やっぱり「儲け」なんじゃないですか？　そりゃぁ税金を取られても仕方ないのでは⁉

おばあさん　それとこれとは話が違います！

高橋　まぁまぁまぁ、2人とも落ち着いて。

桃太郎　……！

高橋　君は刀から手を離そうね。危ないから。ね？　ね？

小沢　先生、この財宝、どう考えたらいいんですか？　暴力で奪い返したとはいえ、やっぱり儲けなんだから、税金がかかりますよね？

おばあさん　もともと私たち人間の財宝なんですから、税金なんてかかりませんよね？

高橋　わかりました、わかりました。では、結論から申し上げます！

全員　……。

高橋　結論！　**税金がかかります！**

全員　！

高橋　税金の世界では、特に非課税のルールがない限り、**たとえ違法でも「得したら」課税の対象**になるんです。

◉税金の世界では違法か合法かは関係ない!?

小沢 ……ん? いま「たとえ違法でも」って言いました?

高橋 言った。国税庁からの通達に「所得税基本通達」というのがあってね。その第36条のところにこう書いてあるんだよ。

> **法第36条《収入金額》関係**
> 36−1 法第36条第1項に規定する「収入金額とすべき金額」又は「総収入金額に算入すべき金額」は、その収入の基因となった行為が**適法であるかどうかを問わない。**

高橋 おばあさん、ここ見てください。はっきり「適法であるかどうかを問わない」ってあるでしょう?

おばあさん 書いてありますね……。

高橋　罪を罰するのはあくまで警察の仕事。税金の世界では、きっちり課税することを重視しているので、収入を生み出した行為が違法か合法かなんて関係ないのです。

小沢　じゃぁオレオレ詐欺でだまし取ったお金なんかも？

高橋　理論上は課税対象になる。まぁ、そんなお金、真面目に確定申告なんてしないだろうけど。

小沢　税金を取るためなら儲かった手段を選ばない……。ものすごくドライですね。

高橋　つまり今回の場合、鬼が違法な手段で集めた財宝を、桃太郎さんが違法な手段で奪い返して独り占めしても、**桃太郎さんの手元に利益が残ったのなら課税対象。**所得税がかかります。

小沢　ですって！

おばあさん　ちょ、ちょっと待ってください！　所得税って、『鶴の恩返し』の方みたいに商売をなさっている方の税金なんじゃないんですか？　うちの桃太郎は、別に鬼退治を商売にしているわけじゃないんですよ？　悪さをする鬼を退治して、たまたま、たまたまそこにあった財宝を持ち帰って……。

小沢　たまたまねぇ……。

桃太郎　……‼

小沢　ごめんごめん！　刀から手を離して！

高橋　わざと持ち帰っても、たまたま持ち帰っても、理由はなんでも構いません。税金は儲かったかどうかしか見ませんので。

小沢　ドライ！

高橋　それはともかく、「商売をしている人の税金では？」という疑問、ここはポイントですよ。おばあさん、実は**所得税の対象となる利益（所得）には10種類ある**んです。

【所得税の対象となる利益（所得）は10種類】

#	所得の区分	説明
1	利子所得	預貯金や公社債の利子などに係る所得
2	配当所得	株主が法人から受ける配当などに係る所得

3	不動産所得	土地や建物などの貸付けによる所得
4	事業所得	卸売業、小売業、サービス業その他の事業から生ずる所得
5	給与所得	勤務先から受ける給料、賞与などの所得
6	退職所得	退職により勤務先から受ける退職手当などの所得
7	山林所得	山林（立木）を譲渡することによって生ずる所得
8	譲渡所得	土地、建物、ゴルフ会員権などの資産を譲渡することによって生ずる所得

9	一時所得	右の1から8までのいずれの所得にも該当しないもののうち、営利を目的とする継続的行為から生じた所得以外のものであって、労務その他の役務の対価としての性質や資産の譲渡による対価としての性質を有しない一時の所得
10	雑所得	右の1～9のいずれにも該当しない所得

所得の区分　※「No.1300 所得の区分のあらまし（国税庁ホームページ）」を基に作成

高橋　**どんな所得なのかによって、税金の計算方法が違う**んですよ。10種類のうち8種類は収入の区分が決まっていて、例えば『鶴の恩返し』の方は反物を売る商売だから、「事業所得」にあたります。

おばあさん　では、あの財宝はどの区分になるんです？

高橋　残りの2種類、他からこぼれたノンジャンルの収入を担当する「一時所得」と「雑所得」ですね。桃太郎さんはここに当てはまります。

小沢　鬼退治で持ち帰った財宝なんて、ノンジャンルの収入の極みですもんね。

高橋　そうそう。で、問題は2つのうちどちらなのか？　なんだけど……。まぁ雑所得かな。

小沢　その2つってなにが違うんですか？

高橋　**意図せず偶然得た収入が一時所得。**競馬で当たったとか、埋蔵金が出たとか、偶然儲かったのが一時所得だね。**それ以外が雑所得**となるので、鬼ヶ島の財宝は……さっきおばあさんは「たまたま」って言ってたけど……偶然得た収入ではなくわざわざ鬼を退治しに行ったという労務の対価なので、雑所得とみなされるでしょう。

小沢　鬼ヶ島から持ち帰った財宝は雑所得で、所得税がかかると。

おばあさん　そうなのですね……。わかりました。そこまで理路整然と説明されては仕方ありません。桃太郎、帰りましょう。

高橋　あ、待ってください。雑所得は必要経費が認められるんです。さっき自腹で色々準備されたとおっしゃってましたから、そのぶん税金が安くなりますよ。**きびだんごも経費になると思います。**

◉きびだんごは現物支給の「給与」にあたる

小沢　えっ、きびだんごって、犬・猿・キジにあげた、あのきびだんごですよね？

桃太郎　……。（きびだんごを差し出す）

小沢　そうそうこれこれ。くれるの？　じゃ1個いただきます。もぐもぐ……。

高橋　それ食べちゃうと、家来にならないといけないいんじゃない？

小沢　……あ！

桃太郎　……!!（税理士を指差す）

小沢　いや、「かかれ！」みたいにされても攻撃しないよ!?

高橋　どうやらまだ敵だと思われているみたいだね。これからお得な話をしようとしているのに……。

おばあさん　先生、きびだんごが経費になるって、本当なんですか？

高橋　なりますよ。あれは**犬・猿・キジへの給与**ですからね。

小沢　給与!?　でも、さっき「桃太郎は鬼退治を商売にしていない」って話だったじゃないですか。

高橋　確かに、桃太郎は鬼退治を事業にしてるわけじゃない。「鬼退治で年商何千万」みたいなことじゃないからね。だから今回の鬼退治は、単発の仕事。その労働（鬼退治）のために犬・猿・キジを雇用して、対価として給与（きびだんご）を渡したとみなせる。君のアルバイト代と同じだよ。

小沢　バイト代できびだんごもらったら怒りますよ。

高橋　アハハ、お金でも現物支給でも、労働の対価として支払われれば給与だからね。きびだんごはおばあさんが作ったものだから、その材料費は経費にできますよ。

おばあさん　そうなんですね……。では、他に我が家で用意したものも？

高橋　そうです。同じように、腰に差している刀や、〃のぼり〃に関わるお金も、**「鬼退治のために使ったお金」**として経費にしていいでしょう。日本一って書いた〃のぼり〃なんて、鬼退治以外に使わないでしょうし。

小沢　というかそれ、何の日本一なんですか？

おばあさん　おじいさんと盛り上がって、なんとなく付けてしまったんですよね。

高橋　その場のノリだったんですね……。ちなみに刀や甲冑《かっちゅう》は、おじいさんおばあさんから与えたものですか？

おばあさん　これはおじいさんが柴刈り仲間から買ったものです。「日本一」の〝のぼり〟と一式で、安くしてもらいました。

小沢　桃太郎の衣装ってセットアップだったんですね。

高橋　そんなわけで、きびだんごや甲冑など、鬼退治に使ったものは経費として認められるでしょう。所得税を納める際は経費の申告をお忘れなく。

おばあさん　ご丁寧にありがとうございます。それで、ご相談のお代はいかほど……。

高橋　うーん、まぁ面白かったので今回はいいですよ。そちらの世界のお金と物価も違うでしょうからね。

桃太郎　……。（きびだんごを差し出す）

高橋　私にくれるのかい？

小沢　先生！　それ受け取ったら家来になっちゃいますよ！

高橋　いや、これは家来に渡すきびだんごじゃないよね？

桃太郎　……。（うなずく）

高橋　ではこちらは受け取りますよ。税務相談という労働に対する対価、としてね。

高橋税理士の解説

理由はどうあれ「得」をしたなら課税の対象。でも非課税のものも

今あなたが手にしたお金、所得税がかかるか否か、パッと答えられるでしょうか？答えられないあなたのために、私たち税理士はいます。よくある質問に「どういう人に所得税がかかるんですか？」というのがあるのですが、そんなときは「どんな人でも、何かしらの収入があったら所得税の対象になる可能性がありますよ」とお答えするようにしていますね。所得税は「収入」こそがスタートライン。まずは「収入が存在する」ということを認識するところから始まるのです。

とはいえ、収入にはさまざまな性格のものがあります。そして利益の計算もその収入の性質に応じて行わなければなりません。そこで、所得税では収入を10種類に分け、その性格に応じた経費を差し引くことによって利益を計算することになっています。

まとめると、利益の計算は以下のような流れで行われます。

「
①　収入があることを認識する。
②　収入が10種類のどれにあたるかを判断する。
③　収入にかかった経費を計上し、それぞれの種別に応じて利益を計算する。
」

今回の桃太郎のケースでは、「鬼ヶ島から奪った財宝はそもそも収入なのか？」というところから話が始まっていました。先ほどの①「収入の認識」の部分ですね。おばあさんは「そもそも盗品なんだから」と、収入とは認めていませんでした。

しかし、税金の世界では**「個人が何か得をしたら収入があったとする」**というのがオーソドックスな考え方となっています。ここでいう「得」は、現金が入ってくるかどうかは関係なく、さらに発生原因も問いません。違法行為によって財産を得ても、「あなた得したよね」ということで、課税の対象となるのです。「得」の事情をまったく考えないのはドライではありますが、ある意味、非常にシンプルな考え方ともいえます。

◉オリンピックとサッカーW杯、報奨金が「非課税」なのは？

ただ、中には得をするのに課税されない収入もあるんです。

例えば、あなたがオリンピックでメダルをとったとしましょう。メダルを獲得すると、日本オリンピック委員会から選手に対して報奨金が支給されます。現金をもらえば「得」をする、「得」をしたら課税されるんでしょ……と思いますが、実は**オリンピックの報奨金は「非課税」**なんです。

きっかけは1992年のバルセロナオリンピック。当時14歳で金メダルを獲得した岩崎恭子選手に支給された報奨金が、「一時所得にあたる」として課税されたんです。しかし、これがマスコミを賑わせたことから、オリンピックの報奨金は所得税が課されないこととなりました。

こうした非課税の所得は法律で決められています。裏を返せば、法律で「非課税」とされていない収入は課税対象となるわけです。オリンピックと違い、法律上「非課税」と定められていないサッカーW杯などの報奨金は課税対象となってしまうので、日本代表の方はご注意ください。

ちなみに、新型コロナウイルスの流行により、国や地方公共団体から給付金などが支給されましたが、こちらに関しても原則としては課税対象となっています（※10万円の特別定額給付金については非課税というルールが設けられています）。

【非課税になる収入の例】

・ノーベル基金からノーベル賞として交付される金品
・宝くじの当せん金
・サッカーくじのｔｏｔｏの払戻金　など……

◉副業は「事業所得」ではない！

さて、課税対象となる収入が10種類に分けられるのは先にご説明しました。この分類、確定申告の際には私たち税理士が自力で仕分けなければなりません。大変なんですよ……。

とはいえ、それほどややこしい案件に出合うことは多くないのですが、ここ数年税務署から確認の電話をよく受けるのが、「副業」に関する区分です。

例えば、小説を書いて報酬をもらう場合。

作家にとって小説を書くことは生計をたてるための商売ですから、10種類の所得のうち「事業所得」となります。また、私は税理士なので、税理士業での収入が「事業所得」となりますよね。

では、例えば私が税金とはまったく関係ない恋愛小説を書いて報酬をもらったら、その収入はどの区分になるのでしょうか？

答えは**「雑所得」**です。先ほどの表でも最後にある、他のどれにも当てはまらない所得ですね。

副業による収入は、多くの場合「雑所得」に分類されます。どの収入の区分に納まるのか、その境目の判断はとても難しいのですが、イメージとしては「本業といえるものは事業所得、そうでないものは雑所得」という感じでしょうか。

ただ、所得税の計算にあたっては事業所得のほうが得になることが多いため、副業であったり、金額が少額であったりする場合でも、「事業所得」として申告する方も少なからずいらっしゃいます。そこに疑問を持った税務署が問い合わせてくるわけですが……問い合わせの段階で雑所得に修正しなければならないことがほとんど。変に疑われてもいいことなんてありませんので、申告の内容に自信があり、理論武装が完璧で、胸を張って大きな声で「これは事業所得です！」と主張できる場合を除き、雑所得にするほうが無難かもしれませんね。

ちなみに、おじいさんおばあさんは2人でのんびり暮らしていましたから、本業は「鬼退治」ではないでしょう。桃太郎にとっても鬼退治は一回こっきりのお仕事のはずで、副業ともいえます。鬼ヶ島の財宝について所得区分のご相談があったら、迷わず「雑所得」を勧めますね。私なら。

第3章「わらしべ長者」

物々交換に税金はかかる？

「わらしべ長者」のあらすじ

昔々あるところに、何をやってもうまくいかない貧しい男がいました。
ある日、観音様に願掛けをすると
「お堂を出て初めて手にした物を大切にして西へ行け」
とお告げをもらいます。
お堂を出たところで転んでしまった男が手にしたのは、
一本のわらしべ。ところが、アブをくくりつけたわらしべを
子供がほしがり、母親からミカンをもらいます。
その後も物々交換は続き、最終的に男は長者の屋敷を
手に入れたのでした。

高橋税理士（以下「高橋」）

ねぇ小沢くん、この前整理してくれた書類なんだけど。

アシスタント小沢くん（以下「小沢」）

……僕が出品したコートについて……値下げしてほしいとのことですが……2万円のコートは100円にはなりません……。

高橋　小沢くーん。あれ、なに見てるの。ちょっと。小沢くーん！

小沢　なんですか、大きな声だして。

高橋　いやいや、スマホに夢中で全然気がついてくれないんだもの。なんか値下げがどうとか言って。

小沢　え！　先生、なんで僕がフリマアプリで値下げ交渉と戦っていたのを知ってるんですか!?

高橋　あのね……。前々から言おうと思ってたんだけど、君はPCでもスマホでも文字を打つとき全部声に出ちゃうんだよ。

小沢　アハハ、そんな人います？

高橋　昨日も誰かに「だるい」って打ってたし、それから……。

小沢 あ、お客さんですね。

高橋 それでさ、この前整理してくれた書類なんだけど……。

？？ 御免！ こちらかな？ 高橋税理士事務所というのは。

小沢 はい、そうです！ さぁさぁ、どうぞこちらにお座りください。

高橋 着物姿で言葉づかいが古い……これはアレだな……。

小沢 今日はどういったご用件で？

？？ 先日よりこちらに、我々の世界から税の相談に来ている者がいると知ってな。ぜひご意見を賜りたく伺った次第だ。

小沢 先生、これはアレです。

高橋 わかってるわかってる……。あのぉ、我々の世界というのは、鶴が恩返ししたり桃が流れてきたりするタイプの世界でいらっしゃる……？

？？ 左様。私はそこで代官として税務を担当しておる。

小沢 あ！『鶴の恩返し』の人が言ってた、あの代官さん!?

代官 いかにも。あやつは最初、私を悪代官呼ばわりして大変だった。

小沢　金に目がくらんだポンコツ代官だって言ってましたよ。

高橋　そこまで言ってなかったよ。

代官　ところがしばらくして、しっかり経費を計算した申告をしたうえに、お詫びまでされてな。こちらで詳しいことを聞いて考えが変わったと言っておった。感謝する。

小沢　あれからちゃんと申告したんだ。よかったですね。

高橋　うん。で、今回代官さんが意見を聞きたいというのは？

代官　私の管轄で「わらしべ長者」と呼ばれている男のことなんだが……。先生、**物々交換は税金がかかるのだろうか？　それとも、税金はかからないのだろうか？**

◉「わらしべ1本からここまで来たんですよ？」

小沢　『わらしべ長者』って、物と物を交換し続けてお金持ちになる話ですよね。

高橋　そうそう。でも何と何を交換したんだっけな。

小沢　わらしべ長者……交換……何……。

高橋　検索ワードを全部言っちゃってるね。

小沢　えーっと、最初がアブをくくりつけた〝わらしべ〟で、それを通りがかった親子にねだられて、ミカン3個と交換してますね。

代官　そうだ。次に喉が渇いた女性にミカンを渡し、代わりに反物をもらう。そのあと反物と馬を交換し、最終的に馬と屋敷を交換する。

高橋　思っていたより、屋敷にたどり着くのが早いんだなぁ。交換が4ターンしかない。

小沢　馬……屋敷……交換……なぜ……。

高橋　そうだね、なんで馬と屋敷なんか交換できたんだろうね。

代官　過程はともあれ、財産を手に入れたのだから課税対象であろう。だが、まったく話が噛み合わないので、ほとほと困っておってな……。

〜〜〜〜（ここから回想）〜〜〜〜

代官　ずいぶん立派な屋敷に住んでいるじゃないか。

わらしべ長者　はは、恐縮です。

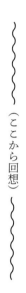

代官　こんな屋敷を、一銭も払わず手に入れたわけだろう?

わらしべ長者　失礼な。僕はね、代官さま。わらしべ1本でここまで来たんです。人は僕のことを「わらしべ長者」と呼び、楽して儲けたと思っているみたいですが、心外ですよ。

代官　事実、働いていないのだから当然だろう。

わらしべ長者　冷静になって考えてみてください。馬と屋敷、普通この2つを交換しようと思いますか?　しかも顔なじみではなく、たまたま道で出会った人とです。この取引を成立させるには、高度なコミュニケーション能力と交渉スキルが必要不可欠なんですよ。

代官　コミュ……なんて言った?

わらしべ長者　優秀な営業マンはエスキモーに氷を売ることができるといいますよね。普通に考えれば、エスキモーにとって氷はその辺にいくらでもある、価値のないもの。そこに、高度な交渉を仕掛けることで、氷の価値を何倍にも膨らませ、対等なディール(取引)を成立させるわけです。価値が釣り合わない馬と屋敷の交換も、同様の命題だといえるでしょう。

代官　さっきから何を言っているのかさっぱりわからないが……。

わらしべ長者　要するに、一見不可能な取引を成立させるには、それなりの経験と能力が必要であり、その能力を手に入れるまでの過程があるのです。それを「楽して儲けた」と思われるのは心外だと言っているんです。

代官 わかったわかった。何かしら苦労があったということだな。それはともかく、今日ここに来たのは他でもない。税金を納めてもらわねばと思ってな。

わらしべ長者 は？　税金？　なぜ私が？

代官 現にこうして屋敷という資産を得たのだから、所得とみなすのが筋であろう。しかるべき所得税を申告してもらわねばなるまい。

わらしべ長者 所得とはすなわち、労働の対価であり、資産が生み出す利益のことでしょう？　確かに今この屋敷は私のものですが、それまでは物と物とを交換しただけですよ？

代官 しかし、こうして立派な屋敷を手に入れている以上……。

わらしべ長者 先ほども申しましたが、物々交換は相手に「これとこれは同じ価値を持つ」と認めてもらわねば成立しません。同じ価値なのだから、そこに損得はないでしょう？　わらしべとミカンは同じ価値、ミカンと反物は同じ価値であるわけです。

代官 はぁ………。

わらしべ長者 わらしべ＝ミカン、ミカン＝反物であれば、わらしべ＝反物となるのは自明の理。その後、反物＝馬、馬＝屋敷と続くのですから、最終的に「わらしべ＝屋敷」となりますよね。

代官　ん……ん……？

わらしべ長者　お代官さまは、その辺に落ちているわらしべを拾った者に、「税金を払え！」と迫るんですか？　まさか、そんな横暴を働く方ではありますまい。税の徴収を司る者として、良識ある対応を期待しますよ。ハッハッハ……。

〜〜〜〜〜〜（回想おわり）〜〜〜〜〜〜

小沢　いけ好かない野郎ですね。

高橋　営業マンとエスキモーの例えなんて、どこで知ったんだろう。

代官　どうやら、わらしべ長者も新宿にちょくちょく来ているようでな……。さっきも紀伊國屋書店で立ち読みをしておった。

小沢　わらしべ長者って案外意識が高かったんですね。

高橋　ただのラッキーボーイだと思ってたよ。

小沢　でも確かに、わらしべのやつは商売で儲けたわけじゃないし、双方納得して交換が成立しているわけだし……。そもそもお金が出てこないから、税金って発想にならないかも。

代官　先生、これはどう考えたらいいのだろう。物々交換は本当に、税金が発生しないのだろうか？

高橋　わかりました。では、結論から申し上げます！

全員　……。

高橋　結論！　**税金がかかります！**

全員　……！

高橋　**物々交換での儲けは「譲渡所得」であり、課税対象になるんです。**

◉物々交換は「譲渡所得」とみなされる

代官　譲渡所得とは……？

高橋　はい。譲渡所得は、**資産の譲渡による所得**のことを指します。持っている物を人にあげて、代わりに金銭などの対価を得たら、それが譲渡所得です。あ、小沢くんがさっき出品していたフリマアプリ、あれも譲渡所得の対象だよ。自分のものを人にあげて、対価を得るでしょ?

小沢　え！　せっかく着ない服を売って儲けたのに、税金取られちゃうんですか?

高橋　アハハ、そんなに焦らなくても大丈夫。**譲渡所得は洋服や家具などの生活用品には課税されない**んだ。貴金属や骨董品などで、1つ30万円を超えると課税対象になるけどね。

小沢　びっくりさせないでくださいよ。

代官　ちょっといいだろうか。先ほど「物をあげた代わりに金銭を得たら」と言っていたが、それは普通の商売と同じではないか?　物とお金の交換なわけだろう。

高橋　いい質問ですね。仮に、商品の販売を継続的に繰り返していたら、「もうそれって事業でしょ」ってことで事業所得になります。わらしべ長者さんは物々交換を事業にしているわけではないので、この場合は譲渡所得になるかと。

代官　なるほど。そして、物とお金の交換だけでなく、物と物を交換しても、譲渡所得の対象になるのだな?

高橋　その通りです。

小沢　でも、さっきわらしべのやつが言っていた「同じ価値」の話はどうなるんですか?

わらしべとミカン、同じ価値のものを交換したんだから損得ないでしょ、っていう。

高橋 あぁそれね。小沢くん、スーパーにわらしべ1本とミカン3個が置いてあるとして、どっちも500円だったらどう思う？

小沢 このスーパー、バグってんじゃないの？ って感じですね。

高橋 具体的にはどういうところが？

小沢 だって、わらしべ1本500円って高すぎませんか!? いくらなんでも1本10円くらいでは？

高橋 だよね。そりゃぁ交換した本人たちは「同じ価値」と思うかもしれないけど、**税金の世界では『一般的な時価』で評価する**んだ。ミカン3個500円、わらしべ1本10円が一般的な時価とすれば、物々交換でミカンを得たわらしべ長者さんは、490円儲けたことになる。

小沢 本人たちがどう思ってようが関係ないってことですか。

高橋 そりゃそうだよ。だいたい、わらしべと屋敷が同じ値段なわけないでしょ。

小沢 ですって。

代官 ……そ、そうだな。するとどうなるのだ？ わらしべ長者は何度も交換を続けているんだ。どうやって譲渡所得を計算したらいい？

◉物々交換を何度もしたら、譲渡所得はどうなる？

高橋　**わらしべ長者さんは、1回の交換のたびに譲渡所得が発生している**と考えます。最初の交換、「ミカンの時価－わらしべの時価」を譲渡①としましょうか。

小沢　さっきの500円－10円で490円の儲け、っていう話ですね。

高橋　そうそう。同じようにそれぞれの譲渡所得を求めると、こうなる。

	譲渡したもの		取得したもの	譲渡所得
譲渡①	わらしべ	↓	ミカン	ミカンの時価－わらしべの時価
譲渡②	ミカン	↓	反物	反物の時価－ミカンの時価
譲渡③	反物	↓	馬	馬の時価－反物の時価

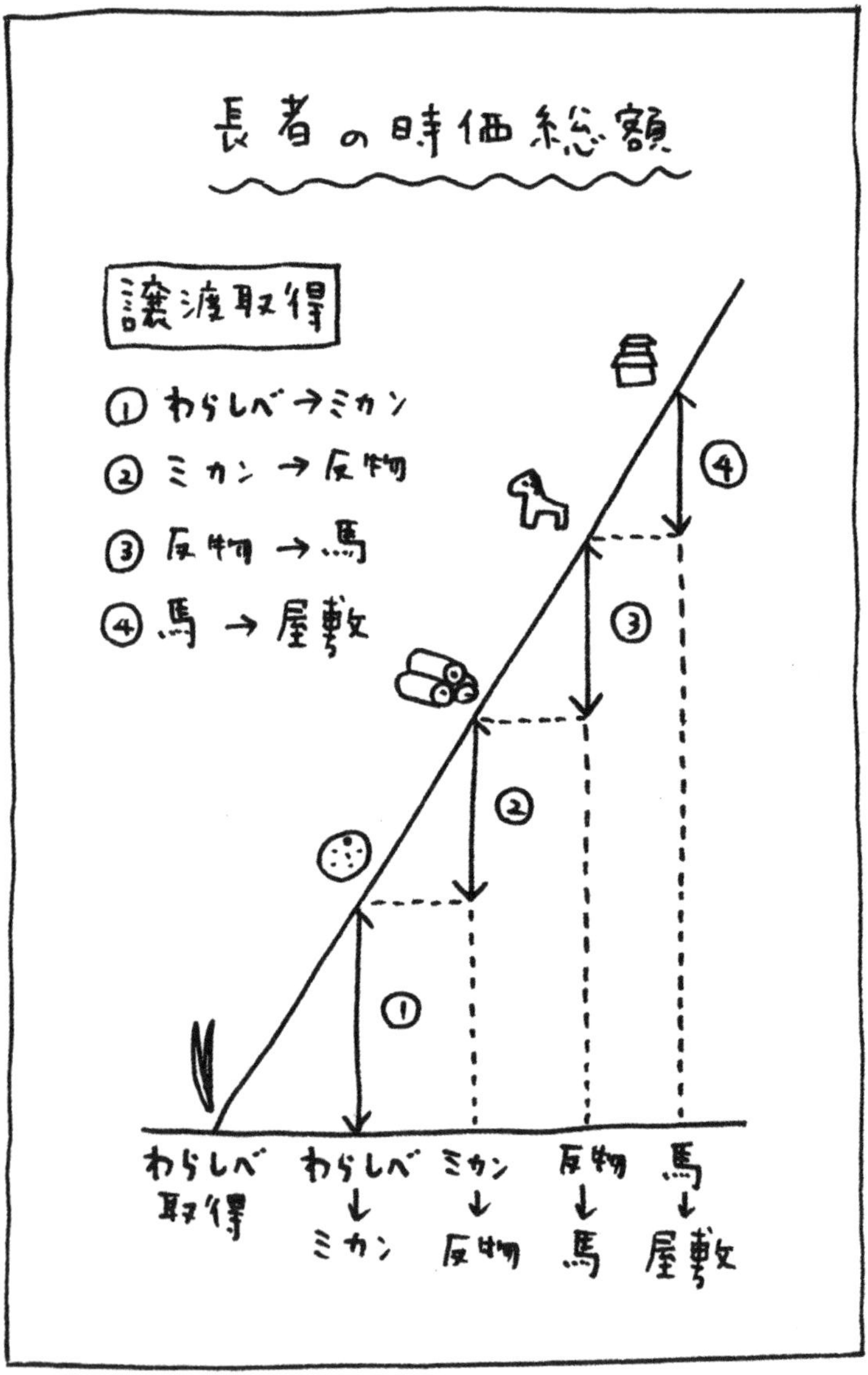
長者の時価総額
譲渡取得
① わらしべ→ミカン
② ミカン→反物
③ 反物→馬
④ 馬→屋敷
①
②
③
④
わらしべ取得
わらしべ↓ミカン
ミカン↓反物
反物↓馬
馬↓屋敷

譲渡④　馬　→　屋敷　屋敷の時価－馬の時価

高橋　最後に譲渡①〜④で発生した所得を足したものが、最終的な譲渡所得の額になります。

代官　なるほど、物々交換のたびに増えていくのだな。

小沢　面倒くさいなぁ。

高橋　本当はもっと面倒くさいんだよ。厳密に言うと、Aを譲渡してBをもらうときの譲渡所得は **「交換したときのBの時価－取得価額（Aを入手した時点の時価）」** で計算するんだ。わらしべ長者は全ての交換を1日で済ませているから、さっきの表では簡単にしているけど。

小沢　なんかよくわかんないので後で解説してください。

代官　そういえば、譲渡所得は生活用品には課税しないんだったな？　ミカンは生活用品とみなせるのではないか？

高橋　お、そうでした。**手放すものが生活用品だったら非課税**になります。時代的に反物はぜいたく品な気もするので、そのあたりをさっきの表に付け足すと……。

	譲渡したもの		取得したもの	譲渡所得	課税／非課税
譲渡①	わらしべ	→	ミカン	ミカンの時価－わらしべの時価	非課税
譲渡②	ミカン	→	反物	反物の時価－ミカンの時価	非課税
譲渡③	反物	→	馬	馬の時価－反物の時価	課税
譲渡④	馬	→	屋敷	屋敷の時価－馬の時価	課税

代官　馬を手放した場合も課税されるのか⁉

小沢　だって生活用品じゃないですもん。

代官　我々の世界では生活に密着した交通手段なのだが……。

高橋　こちらの世界だと、例えば自動車は生活に密着した交通手段なんですが、「生活に通常必要ではない資産」として課税対象になっているんです。同じように考えると、馬は課税対象になるかと……。

代官　そうなのか。なんだか釈然としないな……。

小沢 でも、わらしべから税金を取れるんだからいいんじゃないですか？

代官 そうだった！　えーと、譲渡③と④ではそれぞれ譲渡所得が出ているわけだから……。

高橋 特に屋敷の時価は高そうですから、相当な額の譲渡所得になりそうですよね。そうなれば、所得税もそれなりにかかるでしょう。

代官 ふむふむ……。そうとわかったら、あのベラベラ回る舌を黙らせてやるわい……！先生、小沢殿、世話になったな。それでは失礼する。

高橋 あ！　ちょっと待ってください。

代官 なんだ？　まだ何かあるのか。

高橋 代官さんもわらしべ長者さんも、譲渡所得よりもっと計算しやすい税金を忘れているんですよ。

小沢 計算しやすい税金……？

代官 なんだそれは。もったいぶらずに教えてくれ。

高橋 **固定資産税です**。

全員 あ……！

高橋 わらしべ長者は土地・建物を資産として所有しているんですから、当然、固定資産税が課税されます。詳しい評価額はそちらの世界のことなのでわかりませんが、立派なお屋敷ということは敷地もそれなりに広いでしょうから……。

代官　……ごっそり取ってやるわい！

小沢　行っちゃった……。あのぉ先生、ちょっと気になることがあるんですけど。

高橋　なんだい？

小沢　わらしべ長者って、物々交換で屋敷まで手に入れましたけど、現金って持ってるんですかね？

高橋　あぁ……。持ってなさそうだよね……。

小沢　ちゃんと全額納税できるのかなぁ……。

高橋税理士の解説

物々交換にかかる税金はどう計算する？ 3つの「ややこしい」ポイント

自家用車を買い替える、マイホームを手放す、株式を売る……。そんな「自分が持っている資産」を手放すとき、ひょっこり顔を覗かせるのが「譲渡所得」です。普段は確定申告とは縁がない会社員の方が、給与の次に出合う可能性が高い「所得」かもしれませんね。

譲渡所得は「資産の値上がり益の精算」と呼ばれます。資産を保有しているあいだに高まった価値を、資産を手放すときに精算しましょう、というわけです。シンプルに言い換えるなら、**「売った値段－買った値段」**が譲渡所得だと考えてください。

例えば、100万円で株式を買ったとしましょう。ずっと持っていたら150万円まで値上がりしました。「やった！　儲かったぞ！」と売りたくなりますよね。ここで株式を売却すると、150万円（売った値段）－100万円（買った値段）＝50万円が利益となり、譲渡所得として税金が課されることになります。

逆に、100万円で買った株式が80万円に値下がりし、「もういいや……」と心が折れて株式を売却した場合。80万円（売った値段）－100万円（買った値段）＝－20万円となりますが、赤字のときは税金が課されません。所得税は利益がなければ課税されないんです。心が折れてるのに税金まで取られたらたまったものじゃないですしね。

何かを買うときも売るときも、そこにお金のやりとりがあります。やりとりの結果、利益が出たら税金がかかりますよ、というわけです。ここまで聞けば「そりゃそうですよね」という感じなのですが……。実は譲渡所得には「ややこしいポイント」が3つあります。

①物々交換の場合はどうなる？

まずは今回の『わらしべ長者』のような場合です。法律上は「物々交換も譲渡に該当するので税金がかかります」となっているので、馬と反物を交換した場合でも譲渡所得を計算しなくてはなりません。

先ほど譲渡所得は「売った値段－買った値段」とお伝えしました。考え方は物々交換でも同じなのですが……。わらしべ長者の場合は「馬－反物」になってしまいます。馬から反物を引く計算式なんて、算数の時間に習っていませんよね。馬の毛で反物を織ればいいんじゃない？　とか、そういう話でもありません。

この計算を実現させるために、物々交換の譲渡所得は**「物の価値を金額に換算する」**ことになっています。交換によって取得した物の「時価」を求め、それを「売った金額」とするのです。この金額から、買った値段（譲渡する物を取得した時点の時価）を引いたものが、譲渡所得となります。

とはいえ、「馬の時価って……？」と思われるかもしれません。お寿司屋さんのイメージから「時価＝怖くて頼めないほど高価なもの」と震える方もいるでしょう。でも大丈夫です。税金の世界での「時価」とは、**「通常売買される価格」**を指します。「普通はこれくらい」という値段ですね。

売買の当事者だけで物の値段を決めると、「これは200円くらいの馬なのでまったく儲かってません」など、いくらでも口裏を合わせてズルができてしまいます。そんなことができないように、客観的な数字として「通常売買される価格」を使うのです。

今やインターネットを使えば、「通常売買される価格」は簡単に調べられます。

中古車であれば、中古車販売サイトで同じ車種や年式を検索すると、すぐに価格がわかります。不動産なら近隣の同じような物件の価格を調べて、参考にすることも多いです。

なんとなくで値段を決めてしまうと、税務署から「なぜこの金額に？」と聞かれたときにオロオロしてしまいます。「調べたらこうだったので」と、ちゃんと何かしらの根拠を持っておきたいところですね。

②物々交換でも課税対象にならないものがある

物々交換も譲渡所得であり、課税の対象になる……と説明しましたが、こうした場合でも税金を取られることになるのでしょうか……？

・「うちの子が着られなくなった洋服いらない？」「ありがとう！　お礼に実家から送られてきたサクランボあげる」

・「そのシュウマイ美味しそう」「じゃあ、あなたの餃子と一個ずつ交換しよ？」

・「ちょーだい（積み木を差し出す）」「いーよー（人形を差し出す）」

私たちは日常的に売買や物々交換を繰り返しているんです。子供同士の微笑ましい光景までも、課税が疑われるようなギスギスした世界になるのはイヤですよね……。税務署だって人々の生活の全てを監視できるほど暇ではないでしょう（暇だとしても監視してほしくはないですが）。

そこで、生活に通常使うような物を手放す場合には、また別にルールが設けられています。**「自己又はその配偶者その他の親族が生活の用に供する家具、什器、衣服その他の資産で政令に定めるものの譲渡による所得」**については、所得税を課さないことになっているのです。

フリマアプリで洋服を売ったりした場合に税金がかからないのは、こうしたルールがあるためです。ただ、もともと販売目的で仕入れた物を販売する場合（いわゆる「せどり」など）は、「生活の用に供する」という前提に当てはまりませんので課税対象となります。ご注意ください。

また、資産の譲渡による年間の利益が50万円以下である場合にも、税金は発生しません。微々たる額の取引まで全部追いかけたら大変ですからね、税理士も税務署も。

③手に入れたときの値段がわからなかったら？

最後は「手に入れたときの値段がわからない場合」です。譲渡所得の計算は「売った値段－買った値段」でした。買ったときの値段がわからないと、売ったときにいくら利益が出たのかわかりません。

実際、税理士の仕事をしていると「買ったときの領収書や契約書をなくしてしまった」という方にとても多く出会います。そういう方には今後は気をつけていただきたいところですが、中には「先祖代々伝わった土地を売りたいけど、いくらで買ったかわからない」という、気をつけようがないケースも。「江戸時代に2両で買ったみたいで」と言われても、頭を抱えてしまいます。

しかし、だからといって「買ったときの値段がわからないなら、全額を利益にしましょうか」などとしてしまうのもまた理不尽です。そんなことにならないように、ちゃんとルールが決められています。入手したときの価格がわからない場合は、簡便的に**「売った値段の5%を入手金額とする」**とされているのです。

……あ、ちょっと待ってください。「そんなルールがあるなら書類をなくしても大丈夫だな」と安心するのはまだ早いです。

よく考えてみてください。例えば何かを100万円で売ったとして、入手したときの書類をなくしていたら、入手金額は5万円（100万円の5%）として計算されます。ということは、利益は100万円－5万円＝95万円。本当はもっと高い値段で買っていたとしても、95%が利益として課税されてしまうんです。そうなればほとんどの場合、実際の税額よりも高くなってしまうでしょう。

書類をきちんと保存しておくだけで、税金が安く済む可能性があります。これはぜひ覚えておきましょう。

ちなみに、譲渡所得にはさまざまな特例が用意されており、知らないと損をしてしまうこともあります。特に土地や建物を売るような場合には、税理士などに相談することをお勧めいたします。

第4章「分福茶釜」

茶釜に化けたタヌキは「器具備品」!?

「分福茶釜」のあらすじ

ある日、和尚さんが古い茶釜を買ってきました。
お湯を沸かそうと火にかけると、
茶釜が「熱い！」と悲鳴を上げるではありませんか。
気味悪がった和尚さんは、茶釜を古道具屋に売ってしまいます。
実は茶釜の正体はタヌキで、
茶釜に化けたまま戻れなくなったのです。
古道具屋はタヌキの言う通り見世物小屋を作り、
「分福茶釜」と銘打ってたくさんお金を稼いだのでした。

高橋税理士（以下「高橋」）

ただいま〜。

アシスタント小沢くん（以下「小沢」）

あ、おかえりなさい！

高橋　は〜、疲れた。全身がだるい……。

小沢　今日は朝からどこ行ってたんですか？

高橋　群馬のお寺。知り合いの知り合いに頼まれてさ。相続が大変なのよ……。はい、これお土産。

小沢　やったー！　なんですか、これ？

高橋　こんにゃく。

小沢　こんにゃく!?

高橋　住職からもらったの。群馬はこんにゃくが名産なんだって。国内のこんにゃく芋の90％以上が群馬産だし、こんにゃくパークっていうテーマパークもあるし、中山のヒデちゃんが「こんにゃく大使」だし。

小沢　こんにゃく豆知識が止まらないじゃないですか。

高橋　あそこの住職すんごいおしゃべりなの……。でも、これどうやって食べようかな。

小沢　おでんにしてもいいですけど、田楽なら季節を選ばずおかずにできますし、ピリ辛に炒めればお酒のおつまみにもなりますよ。これは下ゆでしてアク抜きしたほうがいいですね。

高橋　ちょっと！　いま完全に料理できる人の発言だったよ。そんなキャラじゃなかったじゃない。

（ガン、ガン……）

小沢　いまドアを叩く音しませんでした？

高橋　お客さんかな？　ちょっと出てみて。

小沢　はーい……。あれ、誰もいない。

？？　こちらです、下です。

小沢　あ、なんだタヌキか……。え？　タヌキ⁉

タヌキ　お世話になっております。高橋税理士事務所というのはこちらでよろしかったでしょうか？

小沢　先生……。

高橋　タヌキがしゃべったね……。

小沢　カワイイですね……！

高橋　そうじゃなくてさ……。まぁそろそろ動物が来るだろうと覚悟はしてたけど、そうかタヌキがね……。

タヌキ　あのぅ。

高橋　はい、はい。こちらで大丈夫ですよ。どうぞ中へ。

小沢　はぁ！　椅子の上に立って、前脚をテーブルにかける……！　カワイさが止まらない……！

高橋　うるさくてすみません。それで、これは……あちらの世界のお話ですよね。

タヌキ　はい。私、『分福茶釜』のタヌキでございます。この体をご覧いただければおわかりになるかと。

小沢　なんかメカっぽいボディじゃないですか！　サイボーグみたいでカッコいい！　カワイイとカッコいいの両立！

高橋　小沢くん一回離れようか、ね？　こっちに座ってて。この体はアレですね、茶釜に化けて戻れなくなったという……。それで、本日はどのようなご用件で？

タヌキ　はい。実は、**私たちが稼いだお金について、誰が税金を払うべきなのか知りたい**のです。

◉芸を見せたタヌキ、場を設けた古道具屋、税金を払うべきなのは？

タヌキ　ちなみに、『分福茶釜』のあらすじはどこまでご存じでしょうか？

小沢　ぶんぶくちゃがま……あらすじ……。

タヌキ　？

高橋　お気になさらないでください。いま検索してるんです。

小沢　えー、和尚が新しい茶釜を手に入れるが、火にかけると茶釜が「熱い！」と言い出し、気味悪がって古道具屋に売ると、茶釜は実はタヌキが化けた姿で、古道具屋を助けるためにタヌキは綱渡りなどの芸をして稼ぎ、なんやかんやでいい感じに暮らしましたとさ。

高橋　一息で説明したね。

タヌキ　あらすじは何種類かあるのですが、だいたいそんな感じです。

高橋　ご相談の内容は、後半の芸を披露する場面ですか。

タヌキ　そうなんです。私、和尚さんの寺では火にかけられるわ、カンカン叩かれるわ、散々な目にあいまして……。だから、古道具屋さんは言わば恩人なんです。少しでも助けになればと芸を披露したのですが、思いのほか儲かったんですね。そこに先日、代官さまが来まして、儲けたお金を申告せよ、と。

高橋　あの人、きっちり仕事してるなぁ。

タヌキ　儲かったんだから税金を納めなきゃね、というのは、私も古道具屋さんも理解しています。でも、**芸を見せたのは動物の私ですが、観客からお代を回収したのは人間の古道具屋さん。**これはどっちが儲けたことになるのか、わからなくなってしまって……。ちゃんと申告したいので、動物と人間のどちらが税を納めればいいのかハッキリ知りたいんです。

高橋　なるほどなるほど。

小沢　ちょっといいですか？

高橋　お？　どうしたの？

小沢　最初からおかしくないですか？　なんで茶釜なんて危険なものに化けちゃったのか

なって。茶釜の姿をしたら、火にかけられるの当たり前じゃないですか。

タヌキ　そんな、今さら言われても……。

高橋　ふふふ……。こんな偶然があるとは……。

小沢　どうしたんですか、変な笑い方して。

高橋　群馬のおしゃべり住職が全部話してたんだよ。『分福茶釜』の「茶釜」は、もともとはタヌキが化けた釜ではなく、お湯が尽きない不思議な釜だったそうだ。その釜を持ってきた老僧が、実はタヌキだったという伝承が……えーっと、どこだっけな。

小沢　全部聞いたけど、全部覚えてるわけじゃないんですね。

高橋　あったあった。その伝承が群馬県にある茂林寺《もりんじ》というお寺に伝わっていて、そこからおとぎ話に派生したそうだよ。はい、これあげる。

タヌキ　これはこんにゃく！　大好物なんです〜。いただきます！　パクパク……。

高橋　前脚でこんにゃくを挟むの、ズルいくらいかわいいね……。

小沢　尊い……。

タヌキ　先生、どうなんでしょう。古道具屋さんに迷惑がかかるのは、私も本望ではありません。私が税金を払うことになっても構いませんから、どうか公平な視点でお聞かせいただけないでしょうか。

高橋　わかりました。では、結論から申し上げます！

小沢・タヌキ　……。

高橋　結論！　**古道具屋さんが税金を払います！**　払うんですが……。ちょっと段階を追って説明していいですか。**タヌキさんにはちょっと酷な話になるかもしれません。**

◉税金の世界に「未成年」はない

高橋　今回のケース、確認ですが、古道具屋さんとタヌキさんはあくまで個人で芸を始めたわけですよね。

タヌキ　はい、そうです。

高橋　見世物の商売をするために「分福興業」とか「プロダクション分福」とかを立ち上げたわけじゃないと。

小沢　確かに芸能事務所じゃないですもんね。

高橋　となると、古道具屋さんとタヌキさんはあくまで「芸をやる側」と「それを支援する側」という関係にあります。それって**「ステージママと子役」の関係が近い**かなと思うんですよね。

タヌキ　ステージママ……？

高橋　あぁ現代の言葉でした。子供の舞台役者と、その世話をする母親、とお考えください。

小沢　それって子供が儲けたお金だから、やっぱり親が税金を払うんですよね？

高橋　いや、そんなことないよ。**税金の世界に「未成年」はない**んだ。

小沢　税金の世界に未成年はない……！

高橋　子供が稼いだお金は、子供の名前で確定申告する。大人でも子供でも、稼いだお金は自分のものだからね。

小沢　子供がもらったお年玉を「預かっておくから」ってどこかに持っていく大人に聞かせたい。

タヌキ　先生、先ほどの例えだと、子役が私にあたるわけですよね。ということは、私が稼いだお金なので、私が税金を納めないといけない？

高橋　うーん、理屈ではそうなんですけど……。

小沢　なにか引っかかるんですか。

高橋　とはいえ、タヌキじゃないですか。こうしてお話ができるとはいえ、やっぱり税金の世界では**「飼い主」と「飼われている動物」**なんですよね……。

小沢　ひどい！　人をまるで獣みたいに！

高橋　人でもないし、獣なんだけどね……。だってさ、競走馬が競馬で稼いだ賞金は、馬のものじゃないでしょ？　馬主や調教師の収入になるわけで、その人たちに課税するわけだから。サーカスだってそう。芸をするライオンや象たちが税金を払うわけじゃない。

小沢　でも、タヌキさんは古道具屋さんのために、自分の意思で芸を披露したんですよ。競走馬と比べるのって違うんじゃないですか？

高橋　いや、お馬さんだって『今日のレースは馬主のために頑張るぞ！』と自分の意思を持ってるかもしれないよ？　でもそんなこと言ったらキリがない。だから税金の世界では、タヌキさんも他の動物と同じとみなします。

タヌキ　すると、どうなるんです？

高橋　タヌキさんが稼いだお金は、飼い主の古道具屋さんの収入とみなされる。というわけで、**古道具屋さんが所得税を払う**ことになります。

タヌキ　なるほど、わかりました。私も動物としての自覚がありますから、先生のお話は理解できます。それではその旨、古道具屋さんにお伝えして……。

高橋 いや、それがですね……。

小沢 まだ何かあるんですか？

高橋 すっごい言いにくいことがあるのね……。古道具屋さんは収入だけじゃなくて、経費も申告できるんですよ。

小沢 いい話じゃないですか！ 経費が認められれば、払う税金も少なくなりますし。

高橋 そう。そうなんだけど……。その経費って、タヌキさん、あなた自身なんですよ。税金の世界では、**古道具屋さんにとってタヌキさんはお金を稼ぐための道具、「器具備品」の扱いになる**んです。

◉タヌキは「器具備品」であり「減価償却資産」

小沢 お金を稼ぐための道具!? 人を獣扱いしたと思ったら、今度はモノ扱いですか！

高橋 人でもないし、獣だし、器具備品なんだよ……。だって古道具屋さんは、**タヌキさんを茶釜として和尚さんから買った**んでしたよね？

タヌキ　その通りです。和尚さんが私を気味悪がって、古道具屋さんに売ったんです。

高橋　いくらぐらいだったかわかりますか？

タヌキ　詳細な金額までは……。ただ、二束三文《にそくさんもん》ではないと思います。和尚さんが骨董品であることを力説して、古道具屋さんも受け入れていたので。

高橋　小沢くん、思い出して。経費は「お金を稼ぐために使ったお金」だったよね。古道具屋さんが見世物で稼ぐには、茶釜（タヌキ）が必要。つまり、茶釜を買うために使ったお金は……。

小沢　経費になる……！

高橋　しかもただの経費じゃない。恐らく**タヌキさんは減価償却資産**になる。

小沢　げんかしょうきゃく……なんですかそれ。

高橋　そうだな……。例えば小沢くんが、食事を配達する仕事を始めるためにバイクを買ったとするじゃない？

小沢　最近流行《はや》りのやつですね。四角くてデッカいバッグを背負ったりしてる。

高橋　それそれ。バイクが50万円したとして、最初の年に経費として申告したとするでしょ。でもバイクって、何年も乗るよね？

小沢　そりゃ50万円もするバイクなら大切にして一生乗りますよ。

高橋　でもさ、最初の年に50万円全部を経費で申告しちゃったら、それ以降は経費にできないのって理不尽じゃない？　バイクは配達のためにずっと使うし。

小沢　確かに……。そのあいだ経費ゼロってのはモヤモヤしますね。

高橋　このモヤモヤを解決するのが、**「減価償却」**というルール。何年も使うとわかっているものは、分割して経費にできるんだ。バイクの例なら、最初の年に50万円を経費にするんじゃなくて、毎年10万円×5年間、みたいに少しずつ経費にできる。

小沢　へー！　じゃあ僕がこの100均で買ったボールペンも、毎年2円×50年間みたいに経費にできるんですか？

高橋　10万円未満のものは全額経費になるから、減価償却の対象外だよ。

小沢　なーんだ。金額によって扱いが違うんですね。

高橋　タヌキさんは価値のある骨董品として売られたみたいだから、10万円以上したとみて話を進めるね。実は**減価償却には生物も含まれる**んだ。畜産業なんかは、牛や豚が何年も使う資産になるからね。耐用年数も決まっていて、乳牛なら4年、種付け用の馬なら6年、豚なら3年で減価償却をする。

小沢　さっき競走馬の話もありましたけど、ひょっとしてお馬さんも？

高橋　競走馬も減価償却の対象で、耐用年数は4年だね。

小沢　へぇ〜。細かく決まってるんですね。じゃぁタヌキさんを購入した代金も、何年かに分割して経費にできるってことですか。

タヌキ　先生、ちなみにタヌキの耐用年数とやらは何年なのでしょう……？

高橋　ちょっと待ってね。うーん、載ってないな……。**令和の税制でタヌキは想定されていない……。**

小沢・タヌキ　ない!?

高橋　とりあえず豚にしといたらダメ？

小沢・タヌキ　ダメです！

高橋　ダメか……。あ、『動物：その他のもの』が8年っていうのがある。これでいいんじゃない？

小沢　ちゃんとあるじゃないですか。豚で妥協しなくてよかったですね。

タヌキ　安心しました。

高橋　いやぁ、久しぶりに耐用年数の一覧を見てみると面白いなぁ。あ！「茶釜」として

1年目
3年目
5年目

処理するのもありかもね。「食事又はちゅう房用品」って項目があって、「陶磁器製又はガラス製のもの」が2年、「その他のもの」が5年になる。

タヌキ　茶釜として扱われると、また火にかけられるのが怖いので、ちょっと……。

小沢　先生、タヌキさんのトラウマを刺激しないでください。

高橋　ごめんごめん……。

小沢　そうだ！　見世物小屋を作るのに使ったお金って、経費になるんじゃないですか？　商売のために使ったお金ですよね。

高橋　お、わかってきたね。ちなみにタヌキさんのエサ……食事代も経費になるだろうね。

タヌキ　気を使っていただかなくても大丈夫ですよ。

高橋　すいませんね……。じゃあまとめよう。タヌキさんの芸で儲かったお金については、古道具屋さんが所得税を払う。タヌキさんは器具備品であり、減価償却資産として経費に計上。エサや見世物小屋にかかったお金も経費にできる。以上です。

小沢　一件落着ですね。

タヌキ　なんというか……。結局私は、古道具屋さんが稼ぐための備品ってことだったんですね。

小沢　あ……。

高橋　まぁ実際そうですからね。

小沢　ちょっと、先生！

高橋　でもこれは、あくまで税金の世界の話。あなたと古道具屋さんの関係を、税金という枠でくりぬいたにすぎません。あなたが古道具屋さんを思いやる気持ちは、そのままでいいんですよ。

タヌキ　ありがとうございます……！

小沢　そういえば、古道具屋さんは今日なにしてるんですか？

タヌキ　お店が忙しくて手が離せないそうです。なんでも、わらしべ長者さんが屋敷中のものを売りに出したみたいで。

小沢　わらしべ長者が現金を作ろうとしてる……。代官さんが税金を徴収したんですね。

高橋　あの人、きっちり仕事してるなぁ。

高橋税理士の解説

毎年の利益を正しく計算するための「減価償却」という考え方

確定申告の相談に来られた方に「ざっとでよいので利益の計算をしてきてくださいね」とお願いすると、多くの方がその年の入金額と支払額の差額を利益として持ってこられます。

そして、その中には一定数の「今年はたくさん物を買ったから、税金は安くなりますよね！」とホクホクされている方がいます。

そしてそして、改めて確定申告のルールに則って税額を計算すると、ホクホクされた方の約半数が当初の思惑より税金が多くなり、そのことに困惑したり、激しく憤ったりして、やり場のない負のエネルギーを私どもにぶつけてこられたりします。

ホクホクからシクシクになってしまう原因はいくつかあるのですが、その犯人の1

人が今回のテーマとなっている**「減価償却」**です。

減価償却というのは、厳密にいうと税金の世界にだけ存在するものではなく、もともとは「毎年毎年の利益を正しく計算しましょう」という会計におけるルールです。

「正しく」というと漠然としているので、ちょっとした具体例を見てみましょう。

【150万円する配達用の車を購入し、その車による配達で6年間毎年100万円の利益が出た場合】

この場合、現金の出入りだけに着目して最終的な利益を計算すると……

1年目の利益：100万円－150万円＝△50万円
2年目～6年目の利益：100万円

となります。

1年目だけ、車の購入代金150万円がマイナスになっていますね。金額の流れだけを見ると「確かにそうだよね」と思いたくもなります。が、ここで売上と経費の関係をちょっと考えてみましょう。

配達用の車は6年間ずっと使っています。言い換えれば、この車は6年間ずっと変わらず売上に貢献しているわけです。ありがたいですね。

にもかかわらず、先ほどの計算ですと、車の購入代金は1年目だけ経費になっていますす。2年目以降も売上に貢献しているのに、その頑張りは数字にまったく表れていません。結果として1年目とその他の年では、利益が大きく違うように見えてしまいます。

6年間まったく同じ商売で、まったく同じ利益を出しているのに、1年目だけ「損」になってしまう……。

これは毎年の利益を正しく計算したい会計の視点からは、望ましいものではありません。

そこで、数年にわたり売上に貢献するような資産を購入した場合には、買った年に全額必要経費にするのではなく、**使用可能期間にわたって分割して必要経費とする**というルールが設けられています。これが「減価償却」です。

先ほどの例に減価償却のルールを当てはめてみましょう。車の購入価格は150万円。これが6年間に分割されて経費となりますから……

1年目～6年目の利益：100万円－150万円×1/6＝100万円－25万円＝75万円

ちょっと計算はややこしくなりましたが、最終的な利益は「毎年75万円」と均等になりました。6年間同じ商売、同じ利益なんですから、こちらのほうが商売の実態を正しく示していますよね。

現在の日本における会計の考え方では、毎年の利益を正しく計算することをよしとしているため、この減価償却の方法を採用しています。

ただ、減価償却を採用すると現金の動きと利益がずれてしまいます。だから冒頭の「ホクホクからシクシクへ」が起きてしまうんです。その結果、なぜか私たちが苦情を受ける原因にはなってしまうのですが……まあそれはやむなしですね。

さて、この減価償却の方法には、2つの大きな「わかりにくいポイント」がありま す。負のエネルギーを放出される前に、ぜひご確認いただきたいところです。

①実際にどのくらいの期間にわたって使用するのか、使ってみないとわからない

仕事に必要になるため、パソコンを買ったとしましょう。ピカピカの新品です。ずっと使い続けるぞ! と優しくボディをなでていたものの……「思っていたほど性能がよくない」などの理由で買い替えざるをえなくなった、なんてことだってあります。

減価償却の計算には、使用期間の設定が必要です。ずっと使うつもりだったのに1年で買い替えるとなると、計算が狂ってしまいますよね。

しかし、だからといって自己判断で使用期間を決めてよいことにすると、買ったその年に全額経費にするために「1年しか使わないつもりです！」と言い張るやっかいな人が出てきてしまうでしょう。そうなるとせっかくの減価償却の考え方が台無しです。

そこで、減価償却を計算するベースとなる使用期間（**「耐用年数」**といいます）は、財務省が資産ごとに細かく定めています。なかには「こんなものまで⁉」というものも含まれていますので、一度調べてみても面白いかもしれません。

項目	耐用年数
普通自動車	6年
パソコン	4年
サーバー	5年
応接セット（接客業用）	5年

カーテン	3年
店舗建物（鉄筋コンクリート）	39年
ヘリコプター	5年
自動改札	5年
ジャングルジム	10年
キウイフルーツ樹	22年
映画フィルム	2年
マネキン	2年

※減価償却資産の耐用年数（一部）

お仕事の内容によっては「同じパソコンを4年も使いません」「うちはヘリコプターを2年で買い替えます」という方もいらっしゃると思いますが、現状、これがルールなのです。ご承知おきください。

なお、中古の資産に関しては、法定耐用年数から経過期間をマイナスする形で計算をすることとしています。ややこしい計算は我々税理士が行いますので、ご相談いただければと思います。

②購入した金額によってルールが違う

私の机に入っているホチキスは開業前から使っているもので、少なくとも15年以上前に買ったものです。順調にいけば30～40年使い続けそうな気はしますが、数百円で買ったものにまで減価償却を適用して手間暇かけるというのも、合理的なことではありません。

そこで、金額が小さいものについては次のようなルールが設けられています。

10万円未満：全額経費
10万円以上20万円未満：1/3ずつ均等に償却（「一括償却」といいます）か、減価償却を選択
20万円以上：減価償却

（注）青色申告の場合、30万円未満のものは全額経費とできる特例があります

先ほども小沢くんが100円のボールペンを減価償却しようとしていましたが、ボールペンやホチキスのような少額だったり、頻繁に買い替えたりするような資産は、買った段階で「消耗品」などとして全額経費となります。

ちなみに、ご本人が計算してきた利益と、確定申告にあたっての利益の額にずれが出る原因として一番多いのが、「本人は経費のつもりだけれど、客観的に見たら経費にはできないようなもの」がたくさん混じっている場合です。

税理士としては「ならぬものはならぬ」としか言えないこともあります。どうかお互いの幸せのためにも、あまり無理筋なものをねじ込もうとするのはご勘弁いただきたいところです。

第5章「うばすて山」

置き去りにした母が残した遺産、相続できる？

「うばすて山」のあらすじ

あるところに、母と息子が暮らしていました。
その村には「60歳以上の年寄りは山へ捨てねばならない」
という決まりがあります。とうとう母親が60歳になり、
息子は母を背負って山に登りましたが、
結局連れ帰って家に隠してしまいます。
ある日、隣国が「攻め込まれたくなかったら灰で縄を編め」
などと無理難題をふっかけてきました。
息子は母から知恵を借り、見事その難題に応えます。
知恵の源が年老いた母と知った殿様は、
年寄りを捨てることをやめさせたのでした。

男 すいません、昔話に強い高橋税理士事務所はこちらでよろしかったでしょうか……？

高橋税理士（以下「高橋」） あ、はい。高橋税理士事務所はこちらです。

男 よかった。ちょっと迷ってしまって、たどり着けるか不安だったんです。

高橋 ちょっとわかりにくい場所ですからね。ところで、「昔話に強い」とは、いったいどこでお聞きに……？

男 表のドアに貼ってありましたよ。

高橋 え！ ドアに⁉……ホントだ。小沢くんだな、勝手にこんなことして……。

男 やっぱり違うんでしょうか？

高橋 いえ、違わないんですけど、なんというかその、こっちの意思とは別にどんどん相談が来てですね……。

男 やっぱり頼りにされてらっしゃるんですね！ ここは先生がお一人で？

高橋 いつもは小沢くんというバイトがいるんですけど、今日はお休みなんです。ソロキャンプがブームなんですよ！　って、山に行くみたいで。小沢くんも道に迷ってないといいけど。

山

アシスタント小沢くん（以下「小沢」）迷った。完全に迷った……。この道をずっと行ったら川に出るって聞いたのに、どこで間違っちゃったんだろう。もうここでテントをはっちゃおうかな……。

??　……ーい……。

小沢　ん？　なんだろ。森の動物たちが呼んでるのかな。

??　……おーい……おーい……。

小沢　人の声!!　え!?　どこ？　どこから!?

??　……こっちじゃ……旅の人……。

小沢　あっちから聞こえる。ひょっとして助けを呼んでいる……!?　い、いま行きますよ！

～～～～～～ 街 ～～～～～～

高橋 なんだか嫌な予感がするなぁ……。

男 どうされたんですか？

高橋 あぁ、こちらの話です。さて、あなたも昔話の方なんですよね。今日はどういったご相談で？

男 遺産の相続について、ご意見をうかがおうと思いまして。

高橋 そうでしたか。ということは親御さんが……？

男 はい。**私は年老いた母を、山に置いてきたんです。**

◉「うばすて山」に置いてきた母の遺産、相続できる？

高橋 年老いた母を山に……。『うばすて山』ですか？

男 そうです。うちの殿様が大の老人嫌いで、「60になった年寄りは山に捨てること」というおふれが出ているんです。私たちは、そのときが来たら山に行くものと諦めていまして。

高橋　60になったら山にね……。うちの業界だと、ほとんどの人が山に捨てられてしまうな……。

男　え？

高橋　いえ、なんでもありません。今の時代でよかったなって……。それで、お母さんがついに60歳になったと？

男　そうです。先日、母を背負って山に向かいました。

〜〜〜〜〜　山　〜〜〜〜〜

小沢　どうしたんですか、おばあちゃん！　こんな山奥で！

おばあさん

これは若いの、なにか、食べるものは持っておらんかい？

小沢　ありますあります。焼き鳥の缶詰でいいですか？　いま開けますからね。

おばあさん　優しいねぇ。うちの息子を思い出すねぇ。

小沢　はいどうぞ。

おばあさん　ありがとうよ。

小沢　大丈夫ですか？　怪我とかしてないですか？　立てますか？

おばあさん　体は大丈夫じゃ。小腹が空いただけでの……おぉ、これは旨いのぉ。

小沢　ならよかったけど……。この辺りにご家族はいらっしゃらないんですか？

おばあさん　今は私一人じゃて。

小沢　じゃあご家族も心配するでしょうから、山を降りましょうよ。今から僕が助けを……と、思ったけど、僕も帰り道がわからないんだった……。どうしよう……。

おばあさん　帰り道がわからん？　それならほれ、あそこの木の枝が折れているじゃろ？あれは私が折ったものでな……。

〜〜〜〜〜〜　街　〜〜〜〜〜〜

男　母は、帰り道で僕が迷うのを心配して、木の枝をポキッ、ポキッと折って、道しるべにしてくれたんです。方向音痴の僕が、迷わずふもとに帰れるように。

高橋　なるほどね……。でも、それで相続というのも、気が早いんじゃないですか？　お母さんはまだ亡くなられたとは限らないわけですし。

男　気が早いのはわかっています。ただ、あの山は獣も出ますし、これまでも助かったお年寄りはいません。母が死んだことを認めるのはツラいですが……。遅かれ早かれ相続することになるなら、色々知っておければと。

高橋　そうですか……。すいません、ちょっとだけ調べものをしてもいいですか。

男　どうぞ。面倒な相談をしてすみません。

高橋　ちなみに出発前になにか、遺言を残されていたりとかは？

男　遺言ですか……。

〜〜〜〜〜〜〜　山　〜〜〜〜〜〜〜

小沢　よいしょ……ん……よいしょ……。

おばあさん　なんだかのぉ。わざわざ背負ってくれなくてもいいものを。

小沢　いいんですよ、おばあさんに、山道を、歩かせるわけには、いかないじゃないですか。ふぅ……。それにしても、どうしてこんなところまで登ってきたんです？

おばあさん　息子と一緒に来たんじゃよ。

小沢　え、じゃあ息子さんに置いていかれたんですか!?

おばあさん　息子はな、もういい大人じゃけど、いくつになってもかわいいもんでなぁ。私が死んだら、家も土地も、この山も、全部息子にあげるって言ってるんじゃ。

小沢　この山も……?

おばあさん　そう、この辺の山全部、私らが先祖代々受け継いだものなんじゃよ。ここには昔から、「うばすて山」の伝説があってのぉ。

〜〜〜〜〜〜〜　街　〜〜〜〜〜〜〜

高橋　ふーん、家も土地もあなたにあげるとね。遺言状は残ってないんですか?

男　書面は、その、探せば出るかと……。先生、家と土地を相続するとなると、相続税はどうなるんでしょう?　代官さんからは「新宿の先生の言う通りにしてほしい」と言われてるんです。どうか、よい返事をいただけないでしょうか。

高橋　またあの人か……。わかりました。では、結論から申し上げます。

男　……。

高橋　結論、相続税以前の問題です。**あなたはお母さんの財産を相続できない可能性があります。**

◉親を故意に死亡させた場合は「相続する権利がない」

男　相続できない……。やっぱり、きちんと亡くなったのを確かめてからじゃないと、相続の話はできないということですか？

高橋　必ずしもそういうわけではありません。生死が明らかでない状態が7年間続けば、法律上死亡とみなす「失踪宣告《しっそうせんこく》」というものがあります。ただ今回は現状を聞いた限り、あなたはお母さんの遺産を**相続する権利がないかもしれない**んです。

男　権利がないって、どういうことですか？　私と母は、ちゃんと血のつながった親子ですよ！

高橋　それはそうなんでしょう。問題は、あなたがお母さんを山に置いてきたことなんです。相続には、**相続欠格《そうぞくけっかく》**というものがあるんですよ。

男　相続欠格？

高橋　さまざまな理由により、相続をする権利を失うことを指します。例えば、自分の都合のいいように遺言状を書かせたり、都合の悪い遺言状を破棄したりすると、その人は相続欠格になるんです。そんなズルは認めちゃだめですからね。

男　わ、私は遺言状を書かせてないし、そもそも今、手元にないですよ……！

高橋　はい。なので、当てはまりそうなのが、もうひとつの理由です。被相続人の生命を故意に侵害する行為をした相続人は、相続欠格になるんですよ。

男　生命を侵害……？

高橋　平たく言うと、**親を殺してしまった場合**です。

男　……！

高橋　遺産目当ての殺人事件って、サスペンスドラマでもよくありますよね。でも、故意に死亡させたことがバレて、殺人罪として刑に処せられると、遺産を相続する権利を失うんですよ。崖で船越英一郎に追い詰められたら、もう遺産は諦めたほうがいい。

男　ふなこし……？

高橋　あー、すいません、この時代の話です。

男　でも、今さらこう言ってはなんですけど……。母はまだ生きてるかもしれないんです。もしそうなら、殺人にはあたりませんよね？

〜〜〜〜〜〜〜〜　山　〜〜〜〜〜〜〜〜

小沢　よかった！　広い道に出た！　おばあさん、もう大丈夫ですよ！　枝を折ってくれたおかげで僕も助かりました。

おばあさん　それはよかったのぉ。

小沢　それにしても、ひどい息子さんですね。おばあさんを山の中に置いていくなんて！

おばあさん　あー、その話じゃが、ちょっと誤解が。

小沢　僕がおばあさんを見つけなかったら、命に関わることですよ！　まったく、何考えてるんですかね！

〜〜〜〜〜〜〜〜　街　〜〜〜〜〜〜〜〜

高橋　残念ですが、**殺人未遂でも刑に処されれば相続欠格になります。**不当に利益を得ようとしたことには変わりありませんからね。殺意があったかどうかの判断は、警察や弁護士の仕事になりますけど。

男　そんな……。

高橋　ただね、さっき私、相続できない〝可能性があります〟って言ったじゃないですか。

男　言いました。

高橋　死ぬのがわかっていて山に人を置いてくる、ってのは、こっちの世界ではなんらかの罪に問われると思うんですが……。そっちの世界ではどうなのかわからないんですよ。だって殿様が「捨ててこい」って言ってるわけじゃないですか。そちらの世界では、罪じゃないんですもんね。

男　そ、そうなんです！　だって殿様が言ってるんですから！　じゃぁ僕が遺産を相続するのは問題ないですよね。

高橋　生死がわからない状態なので、7年後の失踪宣告を待ってからになると思いますけどね。ちなみに相続税の申告期限も、7年経ったところから10ヶ月後なので、忘れないようにしてください。

男　7年か……。

高橋　ただね、もうひとつ気になってるのは……。

男　まだなにか？

高橋　**あなたの話と、私の知ってる『うばすて山』のあらすじが違うんですよ。**

男　……。

高橋　なんか違うなぁと思って、さっきこっそり調べてたんです。物語の『うばすて山』では、山に置いてきた母親を捨てられず、再び背負って家に帰り、納屋に母を隠して暮らすんですよ。物語のなかでは、お母さん死んでないんです。

男　……。

高橋　あなた、**お母さんが死んだことにして、遺産をせしめようとしてませんか？**

◉物語終盤まで進めば、相続対策が必要に

小沢　え！　それじゃあ、息子さんに置いてかれたんじゃないんですか!?

おばあさん　ほっほっほ。いくら「うばすて山伝説」があるとはいえ、現代ではそんなこと

はせん。私はね、時間ができると自分の山に入って、「うばすて山」の気持ちを味わうようにしとるのよ。

小沢　じゃあ、自分から山の中にいたってことですか!?

おばあさん　私も、そう長くは生きられん。この山に伝わる伝説と同じように、ひとりで山の空気を感じながら、その日を迎える心の準備をしたくての。

小沢　そうだったんですか……。

おばあさん　だから、山に入るときは息子に一緒に来てもらって、しばらくひとりにしてもらっているんじゃ。ほれ、あそこから走ってくるのが息子じゃ。

おばあさんの息子　ハァ……！　ハァ……！　お母さん、探しましたよ！　僕が迎えにくるまで、勝手に山を降りたらダメじゃないですか！

おばあさん　おぉおぉ、すまんのぉ。この若いのが迷ってたから道を教えてやってたんじゃ。

小沢　助けられたのは僕のほうだったのか……。

〜〜〜　街　〜〜〜

男　さすが代官さんが頼りにされている先生です。なんでもお見通しですね。

高橋　ということは、やっぱりお母さんは……？

男　はい。納屋で暮らしてもらっています。そもそも遺産の話も、母の知恵だったんです。私が山に捨てられて死んだことになれば、家と土地を相続できるはずだ、と。

高橋　そういうことだったんですね。

男　やっぱり先生の言うように、ズルはいけませんよね。もう一度母に相談します。

高橋　あ、すいません、ちょっと確認なんですけど……。

男　はい？

高橋　あらすじでは、隣国からの難題に悩む殿様を、お母さんがその知恵で助けて、最終的に褒美《ほうび》をもらうみたいなんですが……。まだその時点までお話は進んでない、ですか……？

男　褒美をもらう？　どういうことですか？

高橋　あ……ネタバレしちゃったかな……。まいっか、とりあえず今は遺産の心配はしなくていいですよ。しばらくしたら、またこちらに相談に来てくださいね。お母さんが元気なあいだに、褒美にかかる税金について教えますから。

男　ありがとうございます！

高橋税理士の解説

相続税を考える前に知っておきたい「相続の基本ルール」

相続税は、どの税金よりも「受け身」な税金です。

これまで解説してきた所得税は、個人が得た利益にかかる税金でした。会社勤めの方は給料から源泉徴収されることで完結してしまうので、あまり積極的に関わることはないのですが、それでも「儲かったら税金がかかるんだな」というイメージはありますよね。「いっぱい働いたから税金も取られるよな……」など、なんとなく心の準備はしやすい税金だと思うんです。

これに対して、**タイミングや税額を自分ではコントロールできないのが相続税。**多くの場合、相続税は「親族の死」という、いかんともしがたい原因により発生します。その税額も、残された遺産次第。「まさかこんなに……!?」という場合もあれば、期待していたのに「思ってたんと違う！」という場合もあるでしょう。身を委《ゆだ》ねるしかない受け身な税金、それが相続税なのです。

相続税に関しては、税法をお話しする前に知っておかなければならないルールがあります。軽くおさらいしておきましょう。

①「誰がどれだけ引き継ぐか？」は基本ルールが決まっている

生きている間にいくら巨万の富を得たとしても、その財産をあの世まで持っていくことはできません。誰かしらがその財産を引き継ぎます。サスペンスドラマで揉めに揉めることでもお馴染みの場面ですね。

ただ、「誰がどれだけ引き継ぐ？」ということに関しては、民法で基本となる考え方が定められています。

民法では財産を引き継ぐ人を「相続人」と呼び、亡くなった人を「被相続人」と呼びます。まず相続人になるのは、被相続人の配偶者。それ以外の親族は被相続人の子供が相続人となります。子供がいなければ被相続人の父母が、子供も父母もいなければ被相続人の兄弟姉妹が、という順に相続人になるのです。

「
第1順位：子（亡くなっている場合には孫、ひ孫など）
第2順位：父母（亡くなっている場合には祖父母、曾祖父母など）
第3順位：兄弟姉妹（亡くなっている場合には甥姪）
」

ですので、母子2人暮らしの『うばすて山』の場合は、被相続人（母）の子供である息子が相続人となります。『桃太郎』のおじいさんが亡くなった場合は、被相続人の配偶者であるおばあさんと、被相続人の子供である桃太郎が相続人になるわけです（桃太郎はおじいさんと血縁がないので検討の余地ありですが……）。

②遺言に何が書いてあっても、最低限の遺産は相続できる

誰がどれだけ引き継ぐか、基本的なルールは民法で決まっているのですが、亡くなる人にも「この人に遺したい！」という希望があります（逆に「この人には遺したくない！」

もあるでしょう……)。

そういった場合、財産を遺す相手を指定できるのが**「遺言」**です。

遺言での指定は先ほどの基本ルールより強く、遺言がある場合にはそちらが最優先。財産を築いた人自身の意思ですから、そりゃあ優先されるべきですよね。

遺言については、2019年に民法が改正され、「全文を自著で書かなくてもよい(財産目録はパソコンで作成可)」など、手続きが簡略化されました。時はまさに少子高齢化社会。これからもより故人の遺志を遺しやすくなることが予想されます。

しかし、だからといって故人の遺思で「全財産を愛人に遺す! 親族はハム1枚のみ!」などというものだと、遺族は「ハム1枚……」とさらなる悲しみに包まれてしまいます。「俺のハムをやるから、父さんの形見をよこせ!」といった揉め事に発展することもあるでしょう。葬儀場に飛び交うハム。これでは故人も浮かばれません。

そんなことにならないよう、「最低限これくらいは相続人に遺しましょうね」という**「遺留分《いりゅうぶん》」**というものが用意されています。これは相続人が最低限の遺産を確保できるように設けられた、相続人の権利です。

例えば配偶者と子供がいる場合には、遺言書に何が書いてあったとしても1／4ずつの財産を取得できることとなっています（それでもかなり揉める例はあるとか……）。一方、「被相続人の兄弟姉妹には遺留分はない」といったルールもあるので注意が必要です。

実は私も、とある遺言の執行人になっています。手続きを取った際には「こじれたときには命の危険があるかも……」と、わけもなく緊張したものです。どうか穏便に済むことを願います。

③財産だけでなく「借金」も相続される

ここまでは「相続したら財産がもらえる」という前提でお話ししてきました。しかし、相続によって引き継がれるのは財産だけではありません。

亡くなった方に借金がある場合には、その**借金も引き継ぐこととなります。**

皆さんお馴染みの『ドラえもん』にも、子孫が借金を引き継いでいる描写があります。ドラえもんが初めてのび太の部屋に現れたとき、一緒に未来から来たセワシ（のび太の孫の孫）がのび太に向かって「君が残した借金が大きすぎて、100年経っても返しきれない」と言うのです。どれだけのことをやらかしたのか、と呆れると同時に、過去を変えないと借金は消えないのか……と思うかもしれません。

実はドラえもんに頼らなくても、借金を免れる方法があります。それが**「相続放棄」**。相続によって引き継ぐべき財産も借金も、全て放棄してしまうというものです。なかなか大胆な作戦ではありますが、これも民法で定められている立派なルールですので、セワシくん含め「先祖の借金が……」という方はぜひご検討を。

なお、相続放棄は借金がある方が亡くなってから**3ヶ月以内**に家庭裁判所で手続きを取る必要があります。これればかりは時を戻せませんのでご注意ください。

④相続人になれない「欠格」と「廃除」

相続人となり得るポジションにいたとしても、相続人になれないことがあります。それが今回『うばすて山』で疑われた**「欠格」**です。

「親やほかの相続人に対する殺害等の行為を行った場合」と「遺言書を自分の都合のよいように書き換える等の干渉があった場合」には、相続する資格がないとされてしまいます。絶対にやってはいけませんよ。

さらにもう一つ、相続人になれないケースがあります。親への虐待行為や重大な侮辱、著しい非行があった場合に適用される**「廃除《はいじょ》」**です。廃除をされた人は相続人となれないだけでなく、遺留分の権利も失います。「そんな人には相続財産をあげないぞ」という意思を感じる、なかなかに強力な制度ですね。

……税金の話に入る前に文字数に限界が来てしまいました。最後に相続税について少しだけ。

相続税と聞くと、大富豪の遺産を分け合う様子をイメージしますが、一般家庭にも何かしらの財産があるでしょう。ただ、微々たるものにまで税金をかけるのは酷ですし、税務署が全てを把握することは困難です。

そこで現状の制度では、税金がかからない範囲を定めています。遺産額が**「3000万円+600万円×法定相続人の数」**を超えない限り、税額が発生することはありません。

相続対策を考えている方は、まずはこの辺りから検討してみてはいかがでしょうか。

第6章 「舌切り雀&笠地蔵」

大きな「つづら」に贈与税はかかるのか？

「舌切り雀」のあらすじ

ある日、おじいさんは道で怪我をした雀を拾いました。
家で世話をしていましたが、
おばあさんがいたずらをした雀に腹を立て、
その舌を切ってしまいます。
逃げた雀を追ったおじいさんがたどり着いたのは雀のお宿。
大きなつづらと小さなつづらを選ぶように言われ、
小さなつづらを選ぶと、中に大判小判がザックザク。
それを聞いたおばあさんも雀の宿を訪れ、
大きなつづらを持って帰りますが、
中身はお化けやガラクタだらけでしたとさ。

「笠地蔵」のあらすじ

あるところに貧しい夫婦がいました。正月を越すために、
男は女房が作った笠を売りに町に出ますが、まったく売れません。
帰り道、男は雪をかぶったお地蔵さまを見かけ、
売れ残りの笠をかぶせてあげました。
数日後の夜。夫婦が寝ていると、外で物音がします。
何事かと戸を開けると、
米や野菜、小判などがたくさん置いてあり、
遠くにお地蔵さまが帰っていくのが見えたのでした。

（ドサッ）

高橋税理士（以下「高橋」）

ん？　今、なんかドアのところで音がしなかった？

アシスタント小沢くん（以下「小沢」）

……はい？　なにか言いました？

高橋　仕事中に音楽聴くのはいいけど音量控えめにね……。いや、さっきドアの辺りで「ドサッ」って音がしてさ。

小沢　あー、それ〝置き配〟ですよ。

高橋　置き配？

小沢　ネット通販の荷物を受け取るのに、指定した場所に置いてくれるサービスですよ。わざわざサインしなくていいから楽なんですよね。なんだろ、この前買ったキャンプ用品かな？

高橋　なるほどね。というか、いつのまに君はうちの事務所に買ったものを届けるようにしたの？

小沢　日中はここにいるんだから、いいじゃないですか……えっ！

高橋　どうした？

小沢　先生、これなんですか……？　ワラのかたまりみたいなのが……。

高橋　米俵だ！　君、ずいぶんお米食べるんだね。

小沢　いや、こんなの買った覚えないですよ！

高橋　手紙がついているな。

～「数々の相談に対応いただき、感謝申し上げる。これは御礼の品であるゆえ、お納めいただければ幸いである。これからもよろしくお願い奉り候　代官」～

小沢　代官さんからのプレゼントだったのか。

高橋　一応気にしてくれているみたいだね。「これからもよろしく」というのが気になるけど。

婆　ちょっとあんた！　昔話にめっぽう強い高橋税理士事務所というのはここかい？

小沢　わっ！　ビックリした。はい、こちらですが……。

婆　ホラ、ここだってよ！

男

あぁ……よかったです。昔話ならどんとこい高橋税理士事務所だと聞いて、やってきました……。

高橋　〝昔話に強い〟に、どんどん尾ひれが付いてるじゃないか小沢くん。

小沢　それで今日はどんなご用件で？

婆　聞いてほしいんだよ。アタシがもらった大きなつづら、これに税金がかかるってホントかい？　ホラ、あんたも言いな。

男　あの……。オラはお地蔵さんからの恩返しに、なにやら税金がかかると聞いて……。

小沢　先生、これって……。

高橋　『舌切り雀』と『笠地蔵』か……。２人とも物をもらっているから、これは**贈与税**の相談だね。

◉相続税の欠点を補うために生まれた「贈与税」

婆　代官のやつが「物をもらったなら税金を納めよ」とかうるさいんだよ。文句を言ったら、ここに行って話を聞けってさ。そしたらこの人が入り口でモジモジしてるから連れてきてやった。

男　オラもこの方と同じです。物をもらっただけなのに税金がかかるって言われて、困ってしまって……。

高橋　あの米俵は代官さんからの前払いだったんだな……。

小沢　先生、贈与税ってなんですか?

高橋　そうか知らないか。贈与税ってのはね、**個人から財産をもらった人に対してかかる税金**なの。ほら、ちょっと前に、『うばすて山』の相続の話があったでしょ。

小沢　僕が山で迷って大変だったときですよね……。あのおばあさん、自分が死んだら財産を息子さんにあげるって言ったんでしたっけ。遺産を相続するって。

高橋　そうそう。遺産を相続すると、そこには相続税がかかる。でもこの仕組みだと「生きてるあいだに財産を渡したらいいじゃん」ってなるよね。

小沢　確かに。死ぬ前に財産を全部渡したら、相続税ゼロ円で済んじゃう。

高橋　これは「生前贈与」って言うんだけど、この裏技に気づいた人がいたわけ。そこで新たに生まれたのが贈与税。「誰かに財産をあげる」という時点で、もらった側に税金をかけるようにしたんだ。**相続税のあとに贈与税ができた**んだよ。

小沢　へ〜。税金もスマホアプリみたいに、後からアップデートしてバグを直したりするんですね。

婆　なにを2人でガタガタ言ってるんだい、こっちは困ってるんだよ！　まったく、じいさんが小さいつづらなんかもらうからこんなことに……。

小沢　おじいさんは悪くないいんじゃないですか？

婆　あん？

高橋　まぁまぁ……。あれですね、旦那さんがもらったのは、大判小判がザックザク入った小さいつづらだったと。

婆　そうさ。あのうるさい雀どもからもらったって言うんだよ。驚くじゃないか。そんなららアタシは大きいつづらをもらうよ、と思ったら……。ガラクタは入ってるわ、ムカデやハチは入ってるわ、おまけにバケモノまで入ってたんだよ！

小沢 かわいい雀の舌を切っちゃうほうがバケモノなんじゃないですか？

婆 あぁん!?

高橋 小沢くんちょっと黙っててもらおうかな……。それで、代官さんから贈与税の話があったんですか。

婆 そうさ。じいさんが大判小判をもらったって聞きつけて、「これはどこで手に入れたものか」ってしつこくてしつこくて。

高橋 あの人、そういうところは鼻がききますからね。

婆 百歩譲って、じいさんがもらった金に税金がかかるのは仕方ないさ。だけどね、アタシがもらった大きいつづらは、いらないものばっかり入ってるんだよ！　そんなガラクタから税金取るなんて、たまったもんじゃないだろ？　違うかい!?

小沢 それで欲張りばあさんはこちらに来たわけですか。

婆 誰が欲張りばあさんだって！

高橋 まぁまぁ落ち着いて！　では結論から申し上げます！

全員 ……。

高橋　結論、**大きいつづらは課税の対象**です！

◉「いらないもの」も贈与税の対象になる！

小沢　クスクス……。

婆　なに笑ってるんだい！

高橋　小沢くん、おこづかいあげるからアイス買ってきなね……。おばあさんね、**たとえいらないものでも、受け取ったものは贈与税の課税対象**なんですよ。だって、大金を受け取っておいて「ホントはいらないんですよね～」って言えば税金がタダになっちゃうのはダメでしょう？

婆　そんなの知ったことかい！　あんなつづら、なんの価値もないじゃないか！

高橋　確かに、こちらの世界だと110万円までの贈与なら税金はかからないですね。

婆　ほらみたことかい。

高橋　ただ、つづらの中身は**一般的な価値で判断**しないといけません。あなたにとって価値がなくても、実は高額なものが含まれているかもしれない。ガラクタかと思ったら骨董品、っていうのは、「なんでも鑑定団」でよくある話ですし。

婆　なんでもかんていだん……？

高橋　あぁ、こちらの世界の話です。とにかく、何にどんな価値があるかは、そちらの世界の価値判断にお任せすることになります。

婆　ホントに二束三文のガラクタなら税金はかからないってことかい？

高橋　そうなりますね。まぁ小さいつづらは大判小判がザックザクなので、こっちは110万円以上になるでしょうけど。

婆　ふん！　まったく雀ども、余計なことしてくれたよ！

小沢　余計なことをしたのは完全に欲張りばあさん側ですけどね。

婆　お前の舌も切るよ！

高橋　この人、全然黙ってくれないので1㎝ぐらい切ってもらえますか？

小沢　先生まで！

男　あのぉ……。オラの話も聞いてほしいんだけども。

高橋　あ！　すいません、『笠地蔵』の方でしたよね。お地蔵さんに笠をあげて、恩返しに色々もらったという。

男　えぇ、えぇ。地蔵さまが雪の中寒そうにしていたもんだから、売り物の笠をかぶらせてやったんです。そしたらその晩、戸の前でドシーン！　って音がして、なにごとかと思って外に出たら、米俵やら小判やらが置いてあって。

小沢　置き配だ。

高橋　話を聞こうよ。

男　遠くに笠をかぶった地蔵さまが帰っていくのが見えたから、地蔵さまからもらったのは間違いねぇんです……。でも先生、さっき贈与税の説明で「個人から財産をもらった人に対してかかる税金」って言ったじゃねぇですか。

高橋　はい、言いましたね。

男　すると先生、地蔵さまからもらった品物というのは、「個人から財産をもらった」ことになるんでしょうかね……？　オラ、**人じゃなくて、石から財産をもらった**んだけども……。

◉お地蔵さまからもらった品は、誰からの贈与か？

小沢　確かに……。そのお宝って、誰からもらったことになるんですかね……？

婆　人だとか石だとか、つべこべ言ってないで、お前も税金払ったらいいんだよ！

小沢　あー、考えるの面倒くさくなって思考停止する人だ。言葉は強いけど中身はないパターン。

婆　お前、舌以外も切ってやろうか⁉

高橋　ちょ、ちょっと静かにして。これはね……。うーん……！

小沢　珍しくめちゃくちゃ悩んでますね。

高橋　これは難しいな……。税金の世界ではね、「個人」か「法人」かの2つしかないんだよ。**石の塊から財産をもらうなんて想定していない**わけ。お地蔵さんは個人なのかな……法人なのかな……。

小沢　個人か法人かで何か違うんですか？

高橋　全然違うの。さっきも言ったけど、贈与税は相続税の「補完税」なのね。

小沢　あとからアップデートした、って話でしたよね。

高橋　相続は個人間で行われるから、贈与税も「個人から個人に物をあげる行為」が対象になっているんだ。一方、法人は亡くならないから相続も起きない。だから、**法人から個人に物をあげる行為は贈与税の対象にならないの。**もらった個人の〝一時所得〟になるんだ。

小沢　一時所得って、桃太郎のときにやったやつですよね。鬼退治で奪った財宝は、雑所得か一時所得かって。

高橋　それそれ。事業所得などに該当しない所得のうち、意図して得た収入が雑所得、意図せず得た収入が一時所得。物をもらったぞ！　ってのは、意図せず得た収入だから、一時所得になる。

小沢　ってことは……どうなるんです？

高橋　**お地蔵さんが個人なら贈与税、法人なら所得税がかかる**ことになる。でも石の塊を個人っていうのも変だし、かといっても法人というわけでもないし……。困ったなぁ……。

婆　まったくバカだね、あんたたちは。地蔵がひとりでに動き出すわけないじゃないか。

男　でも……オラ、雪の中を地蔵さまが立ち去っていくのをこの目で……。

婆　うるさいね、石に人の心なんてありゃしないんだよ！　裏で地蔵を動かしているやつがいるに決まってるだろ！

高橋　裏で動かしている……？

婆　アタシは寺の和尚だと思うね。善行なんて反吐《へど》が出るけど、和尚は笠をかぶった地蔵に思うところがあったんだろ。そんで、なんかの術で地蔵を動かして、あんたのとこに品物を送ってやった。

高橋　お地蔵さんは、ただの輸送手段だったってことですか!?

婆　米俵なんて重たいだろう？　そんなもの、地蔵にでもやらせたらいいのよ。石なんだから疲れたなんて言わないだろうし。

小沢　やっぱりアレは置き配だったんだ。

高橋　うーん……。和尚さんからの**「善意の贈り物」**なら、これは個人と個人のやりとりになるから**贈与税**の対象ですね。ただ、和尚さんが**「笠の対価」**として金品を送ったのなら、これは**笠を販売した売上になるので事業所得**になります。

婆　ややこしいったらありゃしないね。

小沢　ちょっといいですか。

高橋　はいどうぞ。

小沢　いじわる欲張りばあさんが言うように、お地蔵さんは輸送手段だったとしましょう。でもそんなの、和尚さんひとりでできることじゃないですよね？

婆　はぁ？

小沢　だって、お寺の和尚さんって気まぐれで米俵や小判をあげるほど儲かるもんですか？これはですね、もっと大きな組織がバックにいるんですよ。「全日本地蔵連盟」みたいなのがあって、地蔵を大切にした人にこっそり御礼を送ってるんです。

高橋　全日本地蔵連盟ねぇ……。

小沢　略して全地連ですよ。

高橋　いいよ略さなくて。それだと**法人と個人のやりとりになるから、一時所得で申告することになるな**……。またわかんなくなっちゃった。

男　なんだか、混乱させてしまってすいません……。

婆　あんたが「地蔵が立ち去るのを見た」とかバカなこと言うから、こんなことになってるんだよ。正直にその辺で拾ったとか言いな。

男　ち、ちがいますよ……！

高橋　**拾得物なら「意図せず得た収入」なので一時所得**になりますね。……ということは4パターンか。

笠地蔵からの恩返しは……

①和尚からの贈り物→贈与税
②和尚からの笠の対価→所得税（事業所得）
③全地連からの御礼→所得税（一時所得）
④本当は拾った（地蔵は幻）→所得税（一時所得）

高橋　ちょっと、どのパターンなのかは代官さんの判断に任せよう。たまにはこっちから丸投げしてもいいだろう……。

小沢　そうだ！　ちなみに、代官さんからもらった米俵は、贈与税の対象になったりしないんですか？

高橋　あぁこれね。まぁ110万円以上はしないだろうけど、そもそも**社会通念上認めら**

れる贈答品は非課税だから大丈夫だろう。

小沢　しゃかいつうねん……？

高橋　普通こういうお金や物のやりとりあるよねって、みんなに通じるやつ。お中元やお歳暮、ご祝儀や香典なんかがそうだね。親が学生に送る仕送りにも贈与税はかからない。

小沢　ふーん……。ということは、これから大きいつづらがお中元やお歳暮として定期的に届いたら、それは「社会通念上認められる贈答品」になるってことですか？

婆　そうなると非課税ってことになるね！

高橋　それは……。

小沢　お地蔵さんからは、恩返しを一括でもらうんじゃなくて、毎年少しずつもらうようにしたら？

男　年間110万円の枠内におさまる、ってことになりますか……？

高橋　うーん……。

全員　どうなんですか!?

高橋　……ちょっとアイス買ってくる。

全員　待てー！

高橋税理士の解説

年間110万円以上の贈与も非課税に⁉ 気になる「贈与税の法改正」

税金には根拠となる法律があります。所得税なら「所得税法」、消費税なら「消費税法」で各税金のことが定められています。

しかし、今回テーマとなっている贈与税には「贈与税法」という法律はありません。贈与税は法律に縛られないアウトローな税金なのだ……というわけではなく、**贈与税は「相続税法」内で定められています。**贈与税は〝相続税のウィークポイントを補うための税金〟という位置づけのため、相続税法に相続税と贈与税の2つの税金を含めているわけです。

そんな、ちょっと他とは違う立ち位置の贈与税。実は、最近になって俄然、脚光を浴びる存在になってきています。近年、**「若い世代への資産の早期移転の促進」**をテーマに、立て続けに贈与税の改正が行われているんです。

◉これまでの相続税対策は「年間110万円以内」が王道

そもそも贈与税の大きな目的は、生前贈与による相続税回避の防止。なので、比較的割高な税率が採用されています（もし相続税より贈与税の税率が割安だったら、バンバン生前贈与したほうがお得になっちゃいますからね）。

とはいえ、日常のちょっとした「あげた」「もらった」にまで税金をかけていては大変です。そこでボーダーラインとして、**年間110万円までの贈与に関しては税金をかけない**とされています。

つまり、年間110万円までなら生前贈与をしても贈与税がかかりません。それなら毎年、子供や孫に毎年110万円以内の範囲で生前贈与しちゃおう……というのが、これまでの相続税対策の王道でした。財産が多い人にとって毎年110万円は微々たる金額でしょうが、裏を返せばお手頃な相続税対策はそれくらいしかなかったんです。

◉若い世代に資産を残せる、あの手この手の制度

さて、そこで先ほど申し上げた贈与税の改正です。

まず設けられたのが**「相続時精算課税制度」**。原則として60歳以上の父母または祖父母から、20歳以上の子または孫への生前贈与について、子や孫の選択により利用できる贈与税の制度です。

この制度では、上の世代から下の世代に贈与があった場合には**2500万円までは贈与税を課さない**こととしています。もし2500万円を超えたとしても20%の税率での贈与税の計算となりますので、一般の贈与税の計算よりはかなり割安なんですよ。

この「相続時精算課税制度」を皮切りに、その後も若い世代への資産の移転を目的とする制度が続々と設けられています。例えばこんなケースで贈与が非課税となることがあるんです。

・住宅取得等資金の贈与を受けた場合

・結婚・子育て資金の一括贈与を受けた場合
・教育資金の一括贈与を受けた場合

マイホームの購入や結婚、子育てなどは、人生のうちでも特にお金がかかる場面。父母、祖父母などから贈与を受けられたら助かりますし、「贈与してくれるなら家を建てよう」と決断する場合もあるでしょう。高齢者のタンスに眠る貯金を若い世代に回して、経済の活性化を図ろう、という制度なわけですね。

ただ、これらの制度にはなんらかの制限や前提があります。相続時精算課税制度により受け取った財産は、その後に発生する相続の際に相続財産に加算され、相続税の対象となる……といっても、制度に馴染みがない方は「?」となってしまうでしょう。

とりあえずは「そういう制度もあるのね」ということを知っておいていただき、タイミングを見て専門家に相談されるのがよいのではないでしょうか。

◉「年間110万円」を物でもらう場合はどうする？

色々制度はできているものの、やはり手っ取り早い相続税対策は「年間110万円の範囲での贈与」。この範囲で贈与をしよう／贈与をしてもらう、と考える方は今も多いようです。

この「年間110万円」、現金でもらう場合は簡単ですが、自動車や貴金属など物でもらう場合は少々面倒です。贈与税では、買ったときの値段ではなく**「贈与があった時点での時価」**で**物の価値を評価する**こととしています。「俺が買ったときは高かったんだよ！」と言われても、贈与があった時点の価値で200円なら評価額は「200円」になります。

評価の方法にも色々ありますが、代表的なところでは「相続税評価額」「売買実例価格（市場における実際の取引価格）」「精通者《せいつうしゃ》意見《いけん》価格《かかく》（その財産に関する専門家の鑑定結果などの価格）」などが用いられています。自動車や貴金属であれば、インターネットで同じようなものの買い取り価格や売価を調べることもできますね。

なんにせよ、しっかり根拠は持っておきたいところです。「この時計は自分のなかで300万円の価値があります！」なんておかしな評価をすると、税務署につっこまれてしまいますよ。

◉贈与税がかからない場合もある

ここまで相続税対策についてお話ししてきましたが、「年間110万円の範囲」以外にも贈与税がかからないことがあります。代表的なところだと、以下の2パターンです。

①夫婦や親子などの扶養義務者から生活費や教育費に充てるために取得した財産で、通常必要と認められるもの

②個人から受ける香典、年末年始の贈答、見舞いなどのための金品で、社会通念上相当と認められるもの

①でわかりやすい例は「仕送り」です。田舎のご両親から振り込まれた生活費には贈与税がかかりません。そんなところから税金を取ろうというのも酷《ひど》い話ですからね。

②で対象となるのは、香典やご祝儀、お中元やお歳暮など。慣習として行われているものなので、税金の対象からは除外しようというわけです。

なお、わざわざ②で「個人から受ける」と付いているのは、**法人からの贈与には贈与税をかけない**こととなっているためです。贈与税は相続税とセットなわけですから、死んでしまう恐れのない会社などの法人は、相続税・贈与税双方の対象から除かれるんですね（法人から受け取ったものは基本的には一時所得となり、所得税がかかります）。

ちなみに、贈与税がかかるのは、なにも親御さんから贈与された場合に限りません。高価なプレゼントをもらったような場合にも、贈与税が発生してしまうことがあるので注意が必要です。

税理士たるもの、大切な人に税金の心配をさせてはいけません。そんな心優しい私は、高価なプレゼントはしないよう心がけながら細々と生きていこうと思っています。

第7章「かぐや姫」

「かぐや姫被害者の会」の告発

「かぐや姫」のあらすじ

竹取の翁《おきな》が竹を取っていると、1本の光る竹を見つけました。

竹の中には小さな女の子がおり、

翁は「かぐや姫」と名付け大切に育てました。

3ヶ月ほどでかぐや姫は美しい娘に成長し、

その噂から求婚が相次ぎましたが、

かぐや姫は無理な注文をして諦めさせます。十五夜が近づいたとき、

かぐや姫は「月から迎えがやってくる」と翁に打ち明けました。

翁は侍を雇い、かぐや姫を守ろうとしますが、

月の使者の不思議な力によってかぐや姫は月に帰っていったのでした。

高橋税理士（以下「高橋」）

……はい、はい。では今後とも引き続き、どうぞよろしくお願いします。失礼します。……ふぅ〜。

アシスタント小沢くん（以下「小沢」）

先生、またリモート相談ですか。

高橋 そうそう。最近増えたねぇ。

小沢 すっかり普通になりましたもんね。リモートなら移動時間も気にしなくていいし。

高橋 群馬のお寺まで行く必要もなくなったよ。とはいえ、朝から続くとやっぱり疲れるなぁ……。

翁

御免、どなたかおりますかな。

小沢 あ、お客さんですよ。

翁 失礼ですが、こちらは「昔話の相談なら右に出る者はいない高橋税理士事務所」でしょうか。

高橋 またフレーズが長くなってる……。はい、こちらで間違いないです。

翁　わたくし、竹取の翁と申しまして。折り入って相談があって参りました。

小沢　竹取の翁って……『かぐや姫』の!? ワー！ 教科書で見ました！ 握手してください！

翁　ホッホッホ。

高橋　ついにビッグネームが来たなぁ……。それで、今日はどんな用件で？

翁　実はこのたび、有志の者たちと「かぐや姫被害者の会」を発足しましてな。

高橋・小沢　被害者の会……!?

翁　左様。会のものとしては、かぐや姫に損害賠償請求も辞さない構えでおる。先生には税金の面でかぐや姫に不正がなかったか、ご助言をいただきたいのじゃ。

高橋　そ、損害賠償請求って、かぐや姫はいったい何をしたんです？

翁　私もばあさんも、自由奔放なかぐや姫には振り回されっぱなしでな。手塩にかけて育ててきたのに「月に帰ります」と、さっさと帰ってしまったじゃろ？ 養育費だって馬鹿にならんし、結局月に帰るまでの踏み台でしかなかったのかと思うと、納得がいかんのじゃ。

高橋　そうですか……。そういえばさっき、「有志の者たち」と言っていましたが、これは？

翁　かぐや姫に求婚した者たちじゃ。私らは、**かぐや姫が結婚詐欺を働いたのではないか**

とにらんでおる。

高橋・小沢　結婚詐欺!?

◉結婚の条件である「貢ぎもの」は課税対象になるのか？

翁　かぐや姫に求婚したのは、石作皇子《いしつくりのみこ》、車持皇子《くらもちのみこ》、阿倍御主人《あべのみうし》、大伴御行《おおとものみゆき》、石上麻呂《いそのかみのまろ》の5人じゃ。全員被害者の会に所属しておる。

小沢　そんな難しい名前の人たち、『かぐや姫』の話に出てましたっけ？

高橋　絵本によってはカットしている場面かもね。『竹取物語』では美しく成長したかぐや姫に、男たちが「結婚してほしい」と迫る場面があるんだよ。結局全員断るんだけど……。

翁　今日はその者たちも相談に参加してもらおうと、この水晶を持って参った。

小沢　でっかい水晶！　占いでもするんですか。

翁　これは、離れた者同士が会話できる不思議な水晶なんじゃ。かぐや姫が月に行く前に置いていったものなのじゃが、肝心の月とはつながらなくての。被害者の会で便利に使わせてもらっておる。ほれ、姿が映ってきたぞ。

石作皇子 あーあー。

車持皇子 翁どの、ご苦労であります。

阿倍御主人 ……聞こえぬ……やり直……待たれ……。

大伴御行 全員揃ったかの？

石上麻呂 我は音のみで参加させてもらいます。

小沢 先生、これって……。

高橋 リモート会議だね……。

翁 皆さま、こちらがかの有名な高橋先生と助手にあらせられます。本日はよろしくお願いします。

石作皇子 では代表して私が。先生、竹取物語は既にご存じであろうか？

高橋 あ、はい。ひと通りの流れは。確か、結婚を迫られたかぐや姫は、皆さんに無理難題を言い渡したんですよね。

石作皇子 その通り。「珍しい宝物を持ってきたらお嫁に行ってもいいわ」と申してな。それぞれ異なるお題を言い渡されたのだ。ここにまとめた紙がある。いま映す。

石作皇子➡天竺《てんじく》（インド）にある仏の御石の鉢
車持皇子➡東海の蓬莱山にある玉の枝
阿倍御主人➡唐土《もろこし》（中国）にある火鼠《かそ》の皮衣《かわぎぬ》
大伴御行➡龍の首についた五色の玉
石上麻呂➡燕が産むという子安貝

石作皇子　手に入れるのは本当に難儀なものばかり。よくもまぁ、こんな要求ができたものだ。

高橋　でも皆さん、かぐや姫と結婚したいから頑張ったんですよね？

石作皇子　……ま、そうですな。

車持皇子　確かに、私たちはかぐや姫を満足させることはできず、求婚は実りませんでした。しかし今考えると、かぐや姫には最初から結婚する気がなかったのではと思うのです。

阿倍御主人　私も……火鼠の……は……して……ん。

小沢　この人、ずっと通信状態が悪い。

石上麻呂　私は燕の巣に登ろうとして櫓《やぐら》から落ち、腰の骨を折る大怪我を負いました。あの無理な要求さえなければ、こんなことには……。

翁　先生、被害者の会としては、全ての被害を明らかにしたいのじゃ。**結婚の条件である貢ぎものを受け取ったら、なんらかの税金がかかるのでは**ないじゃろか。もしそうなら、かぐや姫は納税せず月に帰ったことになり、代官も黙ってはおらぬ。どうか、ご助言をいただきたく。

高橋　なるほど。納税の不正が明らかになれば、かぐや姫を追及する味方が増えるということか。

翁　多くは語りますまい。

小沢　すいません、ちょっといいですか？

高橋　お、どうした。

小沢　ずっと気になってたんですけど、かぐや姫は月に帰っちゃってるのに、どうやって損害賠償を請求するんですか？

翁　おぉ、それは……あれじゃ、この水晶が月につながったら考えようと思っておる。

小沢　ふーん。そんなにうまくいくのかな……？

高橋　なるほど、わかりました。それでは結論から申し上げます！

全員　……。

高橋　結論！　**かぐや姫は「パパ活女子」として考えます！**

◉「パパ活女子」も確定申告が必要!?

翁　ぱぱかつじょし、とは……？

高橋　その……一緒に食事をしたり、出かけたりする対価として、男性から金銭や物を受け取る若い女子、といったところでしょうか。

小沢　おねだりして高いバッグを買ってもらったり、おこづかいをもらったりしてる子もいますよね。

高橋　そうそう。女の子の「ありがとう～」なんて笑顔を見るとね、自分のこと好きなんじゃないかと思って、男はさらにお金を使ってしまうわけだけども……。

小沢　妙に生々しい見解ですが……。

高橋　（無視して）実は**パパ活で受け取ったお金も課税の対象**なんだよ。

小沢　え！　そうなんですか！

高橋　基本的に、**なにかお金や物をもらったら課税がある**と考えてもらえばいい。もらうシチュエーションによって税金の種類が違ったり、金額などの条件で非課税になったりするだけでね。

小沢　物をもらうとかかる税金って、『笠地蔵』でやった贈与税ですよね。

高橋　そうそう。個人から個人へのプレゼントなら、贈与税の対象になる。でもパパ活女子のなかには、複数の男性を相手に金銭を得ている〝プロ〟もいるんだ。もし本業よりも稼いでいたら、**パパ活の収入は事業所得とみなされる。**

小沢　パパ活が事業に……!?

高橋　副業の稼ぎが大きくなって、本業と副業が逆転してしまう、なんてことは往々にしてあるからね。仮にそこまでの規模じゃなくても、**「デートする代わりにアレ買って」と対価を求めた場合は、雑所得にみなされる。**サービスに見合う収入、ってことになるから。

小沢　それって、おじさん側は女子に払った金額を経費にできたりするんですか？

高橋　交際費ではあるけど……。女子にプレゼントを買うのはおじさんの本業と関係ないから、経費にはならないかな。

小沢 あ、そうか。女子に貢いだお金を会社の経費なんかにしたら、めちゃめちゃ怒られますよね。

高橋 怒られるというか、完全に不正だからやめようね。

小沢 それにしても、パパ活が事業所得や雑所得になるってことは、ちゃんと確定申告が必要ってことですか……？

高橋 わかってきたね。所得税をちゃんと納めてもらうために、本来は**パパ活女子にも確定申告が必要**なんだよ。だからさ、もっと若い女の子が気軽にうちに相談に来てくれたらいいんだけどなぁ〜。手取り足取り教えるんだけどなぁ〜。

全員 ……。

高橋 ……ゴホン、失礼しました。なんの話でしたっけ。

小沢 かぐや姫がパパ活女子に似てるとかなんとか。

高橋 そう！ そうそう！ かぐや姫の場合もね、言ってみれば**無茶な要求は「自分との結婚」への対価だった**わけです。

翁 ということは贈与ではなく、雑所得であると……？

高橋　純粋なプレゼントではなく、対価を求めていますからね。さらに、結婚する気がないのに金品を受け取ったのであれば、結婚詐欺も疑われるでしょう。ただし、犯罪で得られた金銭も課税の対象です。

小沢　『桃太郎』のときにも言ってましたね！　鬼ヶ島から違法な手段で奪った財宝も課税対象だって。

高橋　それと同じ。**もし結婚詐欺として立件されるのであれば、かぐや姫が得た宝物は事業所得か雑所得にあたります。**

翁　なるほど……。つまり、結婚詐欺はどうあれ、なんらかの納税義務がかぐや姫には生じるということですな？

高橋　そういうことですね。

？？　……おい……おい!!

小沢　あれ、なんか女性の声が……。うわわ、水晶が光った！

かぐや姫　おいコラ！　黙って聞いてれば好き放題言いやがって！　**納税義務なんかあるわけねぇだろ！**

◉かぐや姫は宝物を「受け取っていない」！

高橋　えっ、月とつながってる……？

かぐや姫　あのなぁ、こっちは水晶の管理者なんだから、お前らの話してることは全部筒抜けなんだよ！　久しぶりにのぞいてみたら、なぁにが被害者の会だぁ？　あぁん？

小沢　めちゃくちゃ怖い……。イメージと違う……。

かぐや姫　だいたいこっちはな、結局なにも受け取っちゃいねぇんだよ！

高橋　え！　そうなんでしたっけ？　こちらの皆さん、「プレゼントをあげたのに結婚してくれなかった」感がスゴい出てましたけど……。

被害者の会　……。

かぐや姫　アタシと結婚するなら本気が見たかったわけ。でもこいつら全然なの。お前！「仏の御石の鉢」って言ったのに、偽物持ってきたよな。「玉の枝」のお前も、「火鼠の皮衣」のお前も！　あんなもん受け取れるか！

小沢　偽物で済まそうとしたの⁉　そんなのダメに決まってるでしょ。

石作皇子　申し訳ない、天竺を目指すのが面倒で……。

高橋　**宝物を渡してないなら、贈与もなにもあったもんじゃない**ですね。

かぐや姫　ホント、どっちが詐欺だよって話！　バレないだろって思われているのがもう無理だから。あとお前とお前、「五色の玉」どうした？「子安貝」は？　期限の日までに来なかったじゃん。

大伴御行　それが……。龍を探して航海に出たら嵐に遭い、命からがら帰還したのです。龍神さまがお怒りになったのだと思い、五色の玉は諦めました。

石上麻呂　子安貝らしき貝は見つけたのだが、櫓《やぐら》から落ちて腰の骨を折ったのだ。今も病に伏せっておるゆえ、音声のみで失礼している。

かぐや姫　そうだったの……。怖かったよね、痛かったよね……。そんな思いさせたのに今まで知らなかったの、ホントごめん。ごめんね！

大伴御行・石上麻呂　かぐや姫……。

かぐや姫　船の修繕費も、病気の治療費もかかるっしょ？　2人には翁を通じてお見舞い金を送っておく。ほら翁、またいつものように竹の中に黄金を入れておくから。

翁　あわわ、かぐや姫、それは……。

かぐや姫　なんだよ、地球にいるあいだ生活に困んないように、竹林の竹の中にいつも入れてたじゃんか。

小沢　おやおや？　先ほど「養育費も馬鹿にならない」とか、恨み言を言っていましたが……？

高橋　**竹の中の黄金は拾得物であり、一時所得にあたります。**もしかして、きちんと申告していないのでは……？

翁　ぐっ……。

石作皇子　翁！　どういうことだ！

大伴御行　そもそもあんたが「被害者の会」を立ち上げたんじゃないか！　こっちは会費だって払ってるんだぞ！

阿倍御主人　そ……な！　……ぞ。

高橋　かぐや姫が帰ってしまい、再び生活が苦しくなってしまった。そこで花婿候補5人に近づき、被害者の会を立ち上げ、会費を懐に入れるようにした……。そんなところですかね？

小沢　かぐや姫は月に帰っているし、どうせ本当のことはバレないと思ってたんでしょ。浅はかだなぁ。

翁　し、失礼する……！

小沢　あ！　……行っちゃった。

高橋　やれやれ、危うく騙《だま》されるところだったね。

小沢　かぐや姫が乱入してくれて助かりましたよ。

高橋　それにしても、かぐや姫があんなやんちゃだったとはねぇ。まさに竹を割ったような性格、なんちゃって。

かぐや姫　全然面白くないんだけど。っていうか税理士のお前も、結婚詐欺疑う前に『竹取物語』くらいちゃんと読んどけっつーの！

高橋　わ！　まだいたの！

小沢　翁さん！　水晶忘れてますよ！

高橋税理士の解説

もし本当に贈り物をもらったら、月に帰る前に確定申告を

かぐや姫も竹取の翁も、これまで見たことがないブラックぶりでしたね。それでは、この2人の税金について問題点を確認していきましょう。

①竹の中の黄金は「養育費」か「落とし物」か

翁が光る竹の中にかぐや姫を見つけるシーンは、日本人なら誰でも知っているでしょう。実はそのあと、『竹取物語』には**「翁はたびたび黄金が入った竹を見つけ、次第に裕福になっていった」**という記述があるんです。竹林で見つけたのは姫だけではないんですね。

黄金を得たと聞いたら税務署は黙っていられません。これはもちろん課税対象！

……と、腕まくりするところなのですが、肝心の「黄金の出所」については記述がありません。「もらった」と「拾った」で税金が異なるので、これは困ります。

では、まずは「もらった」場合として、この黄金を「月にいる親族からかぐや姫への仕送り」だと考えてみましょう。

通常、親から子への仕送りには贈与税がかかりません（『笠地蔵』の解説を参照）。ただし、それはあくまでも**「通常必要と認められるもの」**のお話。この黄金は竹取家が裕福になってしまうほどのものですから、明らかに生活費の枠を超えています。そうなったらもう**贈与税が課税されても仕方ない**でしょう。

一方「拾った」場合は、黄金を「落とし物（拾得物）」として扱うことになります。

翁は落とし物である黄金を拾って、ちゃっかり自分が裕福になっていますが……これはもちろんルール違反。法律上は警察に届け出なければなりません。拾得物を届け出た場合は、**3ヶ月の間に持ち主が現れなければ拾った人の物となり、一時所得として課税される**こととなります（持ち主が現れたときに受け取る謝礼も一時所得です）。

「落とし物説」に立った場合、竹取の翁は警察には届けず、一時所得として申告もしていません。二重に法を犯していることになり、結局ブラックなのは変わらないようですね。

②男性陣からの贈り物は「贈与」か「所得」か

次に、かぐや姫が受け取った贈り物は税金の対象となるのか、という点です。

結論から言うと、かぐや姫はろくな物をもらっていないのですが、そうなると話が終わってしまいますので、ここは「ちゃんとした贈り物をもらった」という前提で話を進めてみます。

まず単純に「個人から贈り物をもらった」と考えるなら、真っ先に浮かぶのが**贈与税**でしょう。贈与税の計算には「受け取った時点での時価」が必要ですが、肝心の贈り物は「火鼠の皮衣」などまったく金額の見当がつかないものばかり。ネットオークションで相場を見ることも期待できません。でもそこは「なんでも鑑定団」などの力を借りて、なんとか申告まで漕ぎ着けたいところです。

ここでもうひとつの可能性も考えてみましょう。例えば、**かぐや姫が結婚を匂わせてセレブに贈り物をねだる常習犯**だったとしたらどうなるでしょうか。

そもそも今回のケース、5人全員が指定の贈り物を持ってきても、結婚できるのは1人だけ。他の4人にしたら結婚詐欺みたいなものですよね。

こんなことを繰り返しているなら、もはや「結婚を匂わせて財物をかすめとる」という商売と思われても仕方ないでしょう。商売の儲けは**事業所得**とみなされることになります（もし要求が空振りに終わり、微々たる額の収入しか得られなかったとすれば、雑所得になるかもしれませんが）。

このように、かぐや姫に対する課税が贈与税か所得税かは、「物の受け渡し」の解釈によって変わります。現実社会でも同じように頭を悩ませる案件があり、それが**「パパ活」**です。

パパ活を「若い女性が年上の男性とデートをして、その見返りに金銭やブランド品を受け取ること」と定義するならば、その金銭やブランド品は「デートに（いやいやながらも）付き合ってあげる」という仕事の対価ともいえるでしょう。となれば、**パパ活で男性から受け取ったものは事業所得や雑所得とも考えられます。**

ただ、通常のカップルにおけるプレゼントの授受であれば、それは単なる贈与です。「お金やプレゼントが目当てなんですか？」という質問に「はい！」と答える素直な方もいないでしょうし、パパの夢を壊してしまっては後が続きません。結局「このバッグはパパの好意によるプレゼント♡」として、贈与とみなされてしまうケースが多いかもしれませんね。

③申告をせずに国外（地球外？）**に行ってしまったら？**

「かぐや姫」のクライマックスは、かぐや姫が月に帰るシーンです。もし、かぐや姫が宝物を受け取って、それでも月に帰ってしまったとしたらどうなるでしょう？

前述の通り、かぐや姫には贈与税もしくは所得税が課される可能性がありますが、それらを申告せずに旅立ってしまうことになります。しかし、だからといって「税金がチャラになる」といった甘い話はありません。

さすがに法律では月に帰ってしまう場合までは想定していませんが、海外に出国した場合のルールはちゃんと決まっています。年の中途で出国をする場合、**1月1日から出国の時点までに稼いだ利益については、原則としてその出国の時点までに確定申告をする**ことを求めているんです。日本を出るまでに今年の分はちゃんと申告しておけよ、というわけですね（「納税管理人」という代理人をおいた場合には、通常の確定申告と同様に翌年3月15日が期限になります）。

ちなみに、海外に拠点を移しても、日本国内で不動産を貸し付けたりした場合は、日本の所得税が課されます。かぐや姫がそこまでするとは考えにくいですが、注意してもらいたいポイントです。

お話では、かぐや姫は何ももらわずに月に帰りました。もし宝物を受け取って、贈与税や所得税の課税対象になったとしても、実家が裕福そうなので支払いはなんとかなるのではと思います。対して、竹取の翁は竹を使って何らかの商売をしているだけ。黄金を使い切ったりせず、ちゃんと贈与税が払えたらいいですね……と、余計な心配もしてしまうのでした。

第8章「かちかち山」

昔話のなかの「医療費」

「因幡《いなば》の白ウサギ」のあらすじ

隠岐の島に住んでいるウサギが、
海の向こうの因幡の国に行きたいと考えていました。
そこで、ウサギはサメに「どっちの仲間が多いか比べっこしよう」
と持ちかけます。海の上に並んだサメの背中を飛び、
見事向こう岸に渡ったウサギでしたが、
だまされたことを知ったサメに全身の皮をむかれてしまいました。
痛さに泣くウサギのもとに、
通りかかったのは大国主命《おおくにぬしのみこと》。
「体を真水で洗い、蒲《がま》の花を摘んで寝転ぶとよい」という
言葉の通りにしたウサギは、すっかり元の白ウサギに戻りました。

「かちかち山」のあらすじ

ある日、おじいさんは畑でいたずらしたタヌキを捕らえました。
怒ったおじいさんはタヌキを縛り上げて天井に吊るし、
畑仕事に出かけます。タヌキは反省したふりをして、
おばあさんに縄を解いてもらうと、
杵《きね》でおばあさんを殺してしまいました。
悲しみに沈むおじいさんを見たウサギは、
仇討ちを決意。タヌキが背負った薪に火を付け、
やけどの薬と偽って唐辛子を塗り、
最後は泥で作った船にタヌキを乗せて溺れさせました。

「こぶとりじいさん」のあらすじ

顔に大きな〝こぶ〟がある2人のおじいさんがいました。
ある日、優しいおじいさんが森に迷ってしまいます。
鬼たちが楽しく踊るところに遭遇し、思わず自分も踊り出すと、
踊りを気に入った鬼が「これを預かっておくから明日も来い」
と〝こぶ〟を取ってしまいました。
いじわるおじいさんはそれを聞き、
自分も〝こぶ〟を取ってもらおうと鬼の輪の中に入りますが、
踊りが下手だったため、
逆に鬼から〝こぶ〟を顔につけられてしまいました。

アシスタント小沢くん（以下「小沢」）

グシュン！

高橋税理士（以下「高橋」）

おや、風邪かい？

小沢　はい……。熱はないんですけど、鼻水が止まらないんですよね……。さっきドラッグストアで風邪薬を買って飲んだんですけど、なかなか治まらなくて。

高橋　それは大変だね。今日は温かいもの食べて早く寝たほうがいい。

小沢　ごちそうさまです。

高橋　ご飯をおごるとは言ってないよ。

代官

御免!!

小沢　わっ、ビックリした！　代官さんじゃないですか。

高橋　久しぶり……と、思ったけど、ちょくちょく名前を聞いたからそんな気もしないね。

代官　なかなかこちらも忙しくて、ご無沙汰しておった。先生には色々と世話になってしまったな。

高橋　本当ですよ。なんか困ったことがあると、すぐこっちに丸投げしちゃうんだから。

代官　ハッハッハ！

高橋　全然笑うところじゃないんだけどな。

小沢　でもそんな丸投げ代官さんが、今日は直々にどうしたんですか？

代官　そうだ。先生のおかげもあり、こちらの世界では皆の納税意識が高まっての。少しでも金銭や物のやりとりがあると「これは？」と考えるようになっておる。

小沢　お金にシビアになっちゃったんですね。

高橋　昔話として、いいことなのか、悪いことなのか……。

代官　それゆえ、我々に相談に来る者も増えてしまってな。なにぶん、こちらも人手は限られておるゆえ、対面で話を聞くのも限界がある。そこで投書による相談も受け付けるとした。

小沢　ラジオの人生相談みたいなことになってますね。

代官　すると、少々似たような相談がまとめて来たのでな……。ここは私の勉強の意味もこめて、先生のご意見を聞ければと思って参上した次第である。

高橋　なるほど。だから代官さんが直接来たのか。投書で相談が来たら丸投げしづらいでしょうし。

代官　ゴホン……。それでだ、その似たような相談というのは、医療に関わるものなのだ。**医療費控除**というものがあるだろう。それについて聞きたく……。

高橋　はぁ〜、医療費控除かぁ……。

小沢　あれ、どうしたんですか。目に見えてテンション下がってますね。

高橋　いや、だって……。税理士にとって医療費控除ほどツラいものはないんだよ……。

◉「因幡の白ウサギ」皮をむかれたウサギは医療費を申告できるか？

小沢　そもそも、その医療費控除っていうのは、一体なんなんですか?

高橋　医療費控除というのはね……。**医療にかかったお金を、課税対象の所得額から差し引くもの**なんだ。すごく簡単に言うと、病気を治すのに使ったお金を申告すれば、税金が安くなる。

小沢　へぇ〜。確かに、病気を治すのに精一杯な人から、高い税金を取るなんて鬼ですもんね。

高橋　まぁね。医療費は通常の生活費とは異なる〝余計な出費〟だから、その部分を多少助けてあげましょう……って感じかな。

小沢　でも、それがどうして税理士にとってツラいことなんですか？

高橋　医療費の集計が死ぬほど面倒くさいんだよ……。確定申告の依頼を受けたら、1年分の病院や薬局のレシートをもらって、場所別にひとつひとつ金額を集計しないといけないんだ。折れたレシートをひとつひとつ伸ばしてさ、そしてそれが何人分もあってさ……。あ、そうか！　この作業を君にやってもらえばいいのか。

小沢　代官さん、最初のお便りはなんでしょう。

代官　因幡の白ウサギからだな。

高橋　僕の悲痛な叫びがなかったことになっているね……。

『因幡の白ウサギです。細かい経緯は省略しますが、私はサメを怒らせてしまい、体中の皮をむかれてしまいました。痛くて泣いていたところ、通りかかった神様が私を助けてくれたのです。真水で体を洗い、蒲の花の上に寝転ぶと、傷が癒えました』

小沢　改めて聞くと、めちゃめちゃ痛い話ですよね……。

高橋　体中の皮をむかれちゃうからね……。

『ところがしばらく経ち、神様から治療費の請求書が届きました。あれは親切ではなく、ちゃんとした治療だったみたいです。これは医療に使ったお金として、医療費控除の対象になるのでしょうか？』

高橋　あの手当ては後払いだったのか。僕らの知ってるストーリーと違うなぁ。

小沢　悪い神様に当たっちゃったんですかね。

代官　先生どうだろう。これは先ほど言っていた、医療費控除にあたるだろうか？

高橋　れっきとした医療行為ですから、これは文句なしで医療費控除になるでしょうね。ただ、こちらの世界だと、**これだけでは医療費控除の対象にならない**かな。

代官　そうなのか？

高橋　医療費控除は、**年間で支払った医療費が一定額を超えたとき、その超えた分が控除の対象になる**からです。現行制度ですと、基本的には最低で年間10万円の医療費を使わないと控除ができません。

小沢 結構高いですね……。よほど悪い神様じゃない限り、1回の治療でそこまで届かなそう。

高橋 まぁこちらの世界と金銭感覚は違うだろうから、その辺の判断は代官さんにお任せしますね。

代官 なるほど、その辺りは良きに計らおう。続いての便りは、かちかち山のタヌキからだ。

小沢 あー、かちかち山のタヌキ……って、あれ？

高橋 あの話、最後はタヌキが泥船で溺れて死んだはずですよね……!?

◉「かちかち山」ウサギが売りつけたやけどの薬は医療費控除の対象？

代官 うむ。先生の言う通り、ひと昔前はそうであった。だが最近はそこまで言わず、『海に沈んでしまいましたとさ』で終わっておる。

小沢 令和の『かちかち山』は結末がマイルドになってるんですね。

高橋 さすがのタヌキも海に沈められたら改心するだろう。

『タヌキです。ウサギから、それはそれはヒドい目にあわされました。あいつだけは許せません』

小沢　全然反省してませんね。

高橋　ひと昔前の結末でよかったんじゃないかな。

『ところで、気になるのはやけどの薬です。以前、背負っていた薪から火が出て大やけどを負ったとき、ウサギが薬を売りつけてきました。効き目は全くなかったのですが、この薬の代金は申告したら医療費控除の対象になりますか』

代官　これはどうなのだろう。医者にかかったわけではないが、薬の購入も医療費として扱っていいのだろうか？

高橋　**医薬品の購入も、医療費として医療費控除の対象になります**よ。ただし、ビタミン剤などの、病気の予防や健康増進に用いられるものは対象になりませんが。

小沢　タヌキが買ったやけどの薬って、どんな薬だったんですか？

代官　ウサギによると、味噌と唐辛子を練って作ったものそうだ。

小沢　やけどに味噌と唐辛子って、完全にタヌキを痛めつける目的ですよね。これ医薬品って言っていいのかな……。でもうっかり効き目があるかもしれないし……。

高橋　医薬品なのであれば、普通に医療費控除の対象にはなるね。まぁ最近はそれとは別に、**セルフメディケーション税制**っていう医療費控除の特例もあるけど。

代官　せる……なんだって？

高橋　日本語に訳すなら「自主服薬」ですかね。こちらの日本は超高齢社会で、国が医療にかけるお金も相当なものなんですよ。だから、「各自が健康に気を使って病気にならないよう努力してほしい」という思惑がありまして……。

代官　なんだか難儀なことになっておるな。

高橋　そこで、ちゃんと予防接種や健康診断に行ってる人を対象に、**薬局で買える医薬品の代金も控除できる特例**を作ったんです。そういえば小沢くん、ドラッグストアで風邪薬を買ったって言ってたけど、レシートに★印がついていたりしない？

小沢　ちょっと待ってください……。ありました！　商品名の頭に★がついてますね。

高橋　それがセルフメディケーション税制の対象になってる医薬品だよ。ドラッグストアで売ってる商品が全部控除できるわけじゃないんだよね。

小沢　安売りしているお菓子はダメですか？

高橋　そもそも医薬品じゃないからダメだよ。

小沢　ケチ。

高橋　でも対象の医薬品なら結構お得になるよ。さっき医療費控除は最低で年間10万円使わないと申告できない、って言ったよね。セルフメディケーション税制の対象となる医薬品なら、年間の購入額が1万2000円以上なら申告できるんだ。

小沢　え、10万円使わなくても申告できるんですか！　それならいいですね。

高橋　でしょ。「お得な特例を用意したから、みんななるべく健康に気を使ってね」というわけだね。

小沢　へぇ〜、知らなかった。まだ家にレシートあるかな。見つけたら先生に渡せばいいですか？

高橋　その作業が面倒なんだよ……。

代官　ふむ……。ウサギの薬はそのセルなんとかにしていいものかのぉ……。

高橋　そもそも予防接種や健康診断なんかしてないでしょうし、普通の医療費控除でいいと思いますよ。そちらの世界はまだ高齢化が問題になってませんしね。

小沢　その割には、おじいさんとおばあさんばかり出てくるけど。

代官　タヌキの件は良きに計らおう。さて最後の便りは、こぶとりじいさんからだ。あの〝こぶ〟にまつわる相談でな……。

◉「こぶとりじいさん」は〝美容整形〟!?

『こんにちは。鬼にこぶを取ってもらってからというもの、前向きな日々を過ごしています。自分に自信が持てるようになり、女性にも積極的にアプローチできるようになりました。商売も順調で、踊り出したい気持ちでいっぱいです』

高橋　顔についていた〝こぶ〟が取れたわけだから、踊りたくもなるよね。

小沢　なんか、全体的に怪しい広告っぽさがありますね。「このブレスレットでモテモテ！」みたいなやつ。

『しかし先日、鬼から請求書が届きました。私の頬から〝こぶ〟を取ったのは、決して善意でもなんでもなく、代金を払えというのです。思えば、鬼は私の体の一部を切除したわけで、これは医療行為ともいえるのではないでしょうか。鬼からの請求額を申告すれば税金は安くなるでしょうか』

小沢　これも知ってる話の流れと違うなぁ。

代官　民衆の納税意識が高まった結果、鬼の金銭感覚も鋭くなったようでな。

小沢　鬼には細かいことを気にしない豪快さがほしいのに……。

代官　先生、この場合はどうなるだろうか？

高橋　うーん……。〝こぶ〟が一体なんなのかによるんですよね。なんらかの腫瘍なら医療行為になるでしょうけど、そうでないなら美容整形になるのかもしれないし……。

小沢　美容整形だとなにか違うんですか？

高橋　**美容整形にかかるお金は医療費とは考えない**んだ。だから医療費控除の対象外になる。

代官　そうなのか？　これは手術ともいえるから、てっきり医療費の範疇かと思ったのだが。

請求書

高橋　医療費は基本的に、**損なわれたものを戻す費用**と考えるんです。病気や怪我など、健康が損なわれた状態を元に戻すために使ったお金が、医療費になります。

代官　では、先ほどの因幡の白ウサギも。

高橋　そうですね。サメに皮をむかれたあと、治療により改善した。損なわれた状態が元に戻ったわけです。治療にかかったお金は医療費となります。

小沢　でも、こぶとりじいさんが美容整形だとしても、〝こぶ〟を取ったことで、損なわれていた見た目を取り戻した……ってことになりませんか？　だって〝こぶ〟を取ったことでモテてるわけでしょう？

高橋　それは逆だね。

小沢　逆？

高橋　こぶとりじいさんは、**〝こぶ〟がある状態があるがままの姿**だよね？　〝こぶ〟を取ることで見た目がよくなったのは、あるがままの姿に「見栄え」という要素が追加されたと考えるんだ。

小沢　そうか、**損なわれたものを取り戻したんじゃなくて、アップグレードされた**ってことですか！

高橋　そう考えるとわかりやすいね。美容整形は鼻を高くしたり、頬を削ったりして、あるがままの姿からアップグレードするもの。損なわれたものを取り戻すわけではない。だから医療費とは考えないんだ。

代官　ふむ……。そういうことなら、どうして〝こぶ〟を取ったのか鬼にも聞いてみるか。医療なのか、美容なのか。

小沢　その場のノリで取ったんじゃないのかな……。

代官　そういえば、このじいさんの他にもう1人、〝こぶ〟がついたじいさんがおってな。踊りが下手だったせいで、鬼に余計な〝こぶ〟をつけられた者なのだが、これも「こぶの追加料金」を請求されており……。

高橋　あぁ……。〝こぶ〟も追加されてますし、見栄えも追加されてますから、これはもう完全に医療費の範囲じゃないですね。

代官　そうであろうな。

小沢　〝こぶ〟は増えるし、医療費控除はないし、追加料金はあるし、かわいそうに……。

代官　さて、今日持参した便りはこれで以上だ。大枠は理解したのだが……。やはりまだよくわからない部分もある。例えば薬ひとつとっても、これは医薬品なのか、そうでないのか、セルフなんとかなのか、今ひとつ判別に自信がない。

高橋　まぁ、昔話は全て民間療法ですから、こっちの世界の医薬品とも考え方が違うでしょうけど……。

代官　そこで相談なのだが、先ほど先生は、申告の代理も行っていると申しておったな。ここはひとつ、こちらの世界の申告、ひいては医療費控除も代理してはくれぬだろうか。

高橋　えっ。

代官　動物や妖怪、幽霊の事例もあるが、帳簿の類いは全てこちらに送るゆえ、なにも心配することは……。

高橋　ちょ、ちょっと用事を思い出しました。あとよろしく！

小沢　あ！　先生！　どこに行くんですか！

代官　仕方ない。小沢殿、あとはよろしくお頼み申したぞ。

小沢　先生！　先生～!!

高橋税理士の解説

「保険が効かない治療」も対象!?
医療費になるもの、ならないもの

医療費控除のお話をする前に、まずは「控除」のお話をさせてください。

◉そもそも「控除」とは？

「控除」には「金額などを差し引く」という意味があります。税金の計算には控除がつきもので、その種類も色々あるんです。

例として所得税の計算を考えましょう。所得税は、その人が稼いだ利益にかかります。でも、だからといって「利益×税率＝所得税」という計算式にはなりません。基本的にはこんな式になっています。

「（利益－所得控除）×税率＝所得税」

利益から「所得控除」というものが引かれていますね。これは個人の**生活費**を考慮したものなんです。

私たちは稼ぐだけでなく、生活をしないといけません。生活費は稼いだ利益の中から出していますよね。なので、所得税の計算は「利益から生活費をマイナスして、その結果に税率をかける」という計算式になっています。この生活費相当の額を**「基礎控除」**と呼びます。

基礎控除は一般的に48万円とされています。結構多いな！　と思いますが、月額にすると４万円。「生活費が月４万円」と考えると、ちょっと心許ないですね。

でも安心してください。基礎控除以外にも、さまざまな控除があります。収入が一定額より少ない配偶者（専業主婦など）がいれば「配偶者控除」がありますし、子供などの扶養親族がいるなら「扶養控除」があります。どちらも一般的には一人につき38万円が控除されます（控除額は所得の金額や年齢に応じて変わることがあります）。

さらに、通常の生活費の枠内にない、イレギュラーな支出があったときには、追加の控除が用意されています。

例えば災害時。自宅が被災したら修繕せねばなりません。そんなときは損失額をベースに計算される「雑損控除」があります。また、被災地や国などに寄附をした場合は「寄附金控除」も。近年話題のふるさと納税も、この「寄附金控除」の対象です。

そして、病気や怪我をした場合の**医療費も「イレギュラーな支出」の一つ。**医療費を支払った場合には、「医療費控除」を受けることができるのです。

◉「保険が効かない治療」も医療費控除の対象になる

医療費を払ったら医療費控除が受けられるとはいえ、「去年は1回しか病院に行ってません！　かかったお金も230円だけ！　ハッハッハ！」という極めて健康体な方ですと、お役に立つことはできません。**医療費控除は年間に支払った医療費が10万**

円（所得金額が200万円より少ない方は所得金額の5％）を超えた場合に初めて受けることができます。

病院における通常の医療行為は、だいたいが医療費控除の対象となります。処方箋にしたがって薬局で処方される薬ももちろん対象です。申告では病院や薬局の領収書、レシートが必要になります（捨てずに取っておいてくださいね！）。

しかし、領収書から金額を集計していると、「これは対象外ですね……」という領収書を見つけることも少なくありません。私が目にした範囲のものですと……。

・単に疲れを癒やす目的だと思われるマッサージや整体
・エステや脱毛などの美容目的と思われるもの
・健康増進目的だと思われるサプリメント
・インフルエンザなどの予防接種費用
・その年のものではないもの（支出した年分のものしか対象になりません）

……などは「医療費控除の対象外」の代表選手です。これらはほぼ対象にならないと思っていただけると、こちらも助かります。

逆に、「それも対象なの？」と驚かれるパターンもありますよ。

例えば**レーシック手術、インプラント、不妊治療も医療費控除の対象**なんです。「保険が効くものだけが対象じゃないの？」と言われる方も多いのですが、そんなことはないんですね。これらは医療費控除の最低ライン（年間10万円）を軽く超えるものばかりですので、ぜひ覚えておいてください（と、言ってる私も初めて知ったときは驚きましたが……）。

ちなみに**出産費用も医療費控除の対象となります**。ですが、自治体からの給付金などがある場合には、その金額を差し引いたものだけが対象となりますので、注意が必要です。

医療費控除の対象になる	医療費控除の対象にならない
・レーシック手術 ・インプラント ・不妊治療 ・出産費用	・マッサージ、整体（疲れを癒やす目的のもの） ・エステ、脱毛（美容目的のもの） ・サプリメント（健康増進が目的のもの） ・予防接種

◉医療費控除の新しい仲間（？）「セルフメディケーション税制」

平成29（2017）年1月、医療費控除に仲間が増えました。それが**「セルフメディケーション税制」**と呼ばれるものです。

セルフメディケーション税制は、医療費の増加を抑制するため「自分自身で適切な健康管理を行う」ことを目的に創設されたもの。

定期健康診断や予防接種など、健康の維持増進および疾病の予防への取り組みをしている人が、対象医薬品（スイッチOTC医薬品）を1万2000円以上購入した場合に適用を受けられます。計算式にするとこうなります。

対象医薬品の購入金額－1万2000円＝控除額
（前提となる健康診断や予防接種の費用は対象外）

ちなみに、「スイッチOTC医薬品」とは、医師によって処方される医薬品（医療用医薬品）の成分を、薬局やドラッグストア等で購入できる医薬品に転用したもの。もともと病院で使われてたものなんですね。対象となるものについては、薬局のレシートに印がつけられるようになっていますので、確認してみてください。

そうそう、さっき「医療費控除に仲間が増えた」と言いましたが、**医療費控除とセルフメディケーション税制はどちらかしか受けられません。**仲間というより、ライバルかもしれませんね。

医療費控除にせよ、セルフメディケーション税制にせよ、私たち税理士が仕事で控除額を算出する際は、各レシートの日付や内容を確認することになります。

健康保険組合などから送られてくる「医療費のお知らせ」を基に計算もできるのですが、やはりまだレシート類をベースにしている人のほうが多いのです。

レシート類の確認は大変な作業。一枚一枚広げて伸ばして確認して……を繰り返すうちに指先はもうパッサパサです。そのうえ、こんなに苦労したのに集計結果が年間10万円を下回ったりした日には、あまりの脱力感に白髪と酒量が増えてしまいます。

まあ、医療費が少ないのに、越したことはないんですけどね……。

第9章「三年寝太郎&金太郎」

子供がいる家庭の税金

「三年寝太郎」のあらすじ

一日中寝ていることから「寝太郎」と呼ばれている男がいました。
村は日照りが続き困っているというのに、全く働こうとしません。
村人からは怠け者と嫌われていた寝太郎でしたが、
3年経ったある日、突然起き出しました。
寝太郎は山に登って巨石を落とし、
谷を転がった巨石は川の流れを変え、
畑に水が届くようになりました。
寝太郎は怠けていたのではなく、ずっと考えていたのでした。

「金太郎」のあらすじ

足柄山の山奥に、金太郎と呼ばれる子が母親と住んでいました。
金太郎は生まれたころから力持ち。
ある日、金太郎が動物たちと栗拾いに出かけると、
崖にかかっていた橋がなくなっていました。
金太郎は近くの木を押し倒して橋をかけてあげます。
橋を渡った先で大きな熊に出会いますが、
金太郎は相撲で勝負を挑み、見事勝利。
金太郎はのちに坂田金時《さかたのきんとき》と名を改め、
とても強いお侍さんになりましたとさ。

アシスタント小沢くん（以下「小沢」）

先生、羊羹《ようかん》たくさんもらったんですけど、ひとつ要りますか？

高橋税理士（以下「高橋」）

これコンビニのレジ横で売ってるやつだよね。段ボールいっぱいに……。こんなにどうしたの？

小沢　うちの親が送ってきたんですよ。

高橋　え、小沢君の実家ってコンビニなの⁉

小沢　違いますよ～。子供のころ、このタイプの羊羹が好きで、おやつでよく食べてたんです。それを母親がずっと覚えてて、今でも羊羹が好きだと思ってるんですよ。

高橋　ははぁ、親心だね。小沢君も黙って受け取ってるんだ。

小沢　まぁそうですね。嫌いになったわけじゃないですし。ただ、この量を大人になってから食べたら、確実に太るので……。

高橋　もう外で元気に遊んでカロリーを消費する歳じゃないからなぁ。

（ドンドン！　ガンガン！）

高橋　やけに騒がしいな。ドアが壊れちゃうよ。誰だろう？

小沢　先生、まさか借金取りですか？

高橋　身に覚えがないけど怖いな……。はい、どうしました？

三年寝太郎の母（以下「三母」）

ちょっといい？　昔話の世界の税金ならなんでもお任せ、安心安全の高橋税理士事務所ってのはこちら？

高橋　そんなキャッチフレーズ知らないですけど高橋税理士事務所はここです。

金太郎の母（以下「金母」）

私たち税理士先生に話があるんですけど。

高橋　あ、はい。税理士は私ですが……。

金母　あなたが悪徳税理士ね！

三母　単刀直入に言いますけどね、私たち税金が高すぎて困ってるんです！

金母　あなた、代官になにか吹き込みましたよね？　おかげでこちらの世界では、納税しろ納税しろってうるさくて仕方ないんですよ！

高橋　ええっ!?　別にそんな、変なことは教えていませんが……。

三母　今すぐ私たちの世界に来て、代官を説得してください！

金母 さぁ早く！

高橋 痛い痛い！　ちょっと！　手を離して！

小沢 これは……先生が昔話の世界に入っちゃう……!?

高橋 一回お話ししましょう、お話ししましょうよ、ね？　ね？　ほら、これ！　フカフカのソファー！　あっちの世界にはないでしょう？　さぁ座って、座ってみて。ほらぁフッカフカ！　そうそう、美味しい羊羹もありますから、これ食べて待っててくださいね。

小沢 ……ちぇっ。

高橋 はぁ……はぁ……。小沢君、僕が昔話の世界に入るの、ちょっと期待したでしょ。

小沢 桃から先生が出てきたら爆笑だったんですけど。

高橋 冗談じゃないよ……。あぁすいません、先ほど「税金が高すぎる」とおっしゃってましたが。

三母 えぇ、そうなんです。うちには息子がいて、働きもせずにもう3年近くゴロゴロ寝続けているんです。息子の分も生活費がかかるというのに、あんなに高い税金を払うのかと。

小沢 先生、この方ひょっとして、三年寝太郎のお母さんじゃないですか……？

高橋 誰なんだろうと思ったら、お母さんなのか……！　ということは、こちらの方は……。

金母　うちの金太郎も育ち盛りで、毎日元気に外で遊んでくるもんだから、食費がいくらあっても足りなくて。

高橋　金太郎のお母さん！

小沢　主人公の保護者が来るなんて、新しい展開ですね……。

三母　収入に対して所得税がかかるのはわかるんですよ。でも、一人暮らしの家と同じくらい税金がかかるなんて納得いかないじゃないですか！

金母　鶴に逃げられた甲斐性なしや、わらしべ屋敷の怪しい男みたいに、一人でのうのうと暮らしているのとは、わけが違うんですよ！

小沢　あの人たち、裏でこんなこと言われているのか……。

三母　こんな不公平なことがあります？　子供を育てている分、何らかの心遣いはないんですか？

金母　違いますか!?

高橋　……は？

小沢　先生、「は？」じゃないですよ。2人ともめっちゃ怒ってるじゃないですか。

高橋　いや……あれぇ？　代官さん知らないのかなぁ……。私たちの世界ではその辺の制度がちゃんとありますよ。一定の条件を満たせば、子供がいる家庭は税金が安くなるんです。

三母・金母　なんですって⁉

◉三年寝太郎は「扶養控除」の対象になる

高橋　じゃぁ、それぞれの場合についてお話ししますね。こちらが三年寝太郎さんのお母さんでしたよね。お子さんは……16歳以上でしたっけ？

三母　ええ、もう立派な成人です。働いてもいい年齢なのに、毎日食べては寝て、食べては寝て……。

小沢　いいなぁ。僕もしばらくそんな生活してみたいですよ。

三母　よくないですよ。村の人たちからは「怠け者」って笑い者にされてるんですよ。何をやっても起きないのをいいことに、近所の子供が興味本位で虫を投げ込んだりするし、一緒に暮らしている私たち親も大変なんですから。

小沢　それは嫌だな……。

高橋 ということは、無職のニートといっていいですね。

三母 にいと……？

高橋 あぁすいません、こちらの世界の話です。

小沢 先生、「無職のニート」って税金に関係あるんですか？　単なるプライベートの情報では……。

高橋 めちゃくちゃ関係あるんだよ、これが。それでは、結論から申し上げます！

全員 ……。

高橋 **三年寝太郎さんは扶養控除の対象になります！**

三母 扶養控除……？

小沢 ふよう……？

高橋 あ、そもそも扶養がわからないか。辞書で引くと……「助け養うこと。生活の面倒を見ること」ってあるね。親の収入で生活している子供などは、扶養されている親族と書いて**「扶養親族」**と呼ぶのね。

小沢 ふーん。

高橋 やる気のない返事……。で、扶養控除というのは、**扶養親族がいる場合に受けられ**

る控除のこと。子供の場合、16〜18歳なら38万円、19〜22歳なら63万円の所得控除が受けられるんだ。ざっくり言うと、三年寝太郎さん一家は所得税が安くなるはずなの。

三母 そうなんですか！

小沢 めちゃくちゃ大事な制度ですね。それって子供がいる家庭は、みんな税金が安くなるんですか？

高橋 いや、扶養親族にはいくつか条件がある。まず**「生計を一にしていること」**。親と子にそれぞれに稼ぎがあって、独立した生活をしているんだったら、それは扶養親族にならない。

小沢 三年寝太郎さんは完全に親に頼ってるから、これはオッケーですね。

高橋 もうひとつ、**「年間の合計所得金額が48万円以下であること」**。生計を一にしていても、月平均で4万円より利益があったら、扶養親族とは認められないわけ。つまり……。

小沢 三年寝太郎さんは無職のニートだから……！

高橋 扶養控除の対象になる。ね？　めちゃくちゃ関係あるでしょ？

小沢 ホントだ。ただの興味本位じゃなかったんですね。

高橋 虫を投げ込む子供と一緒にしないでよ。

三母　なるほど……。これで少しでも税金が減るなら助かります。こちらの世界はちゃんと家族のことを考えているんですね。それに比べて……！

高橋　まぁまぁ、代官さんも色々勉強しているみたいですから……。

金母　あのぉ……。

高橋　はいはい、金太郎さんのお母さんでしたよね。

金母　先ほど、子供が16歳以上の場合をお話しされていましたよね。うちの子は16歳未満なんです。この場合はどうなるのでしょうか……？

高橋　残念ですが……。**16歳未満は扶養控除の対象外**なんです。

◉シングルマザーの金太郎母は「ひとり親控除」の対象

金母　そうなんですか!?　16歳未満なんて、「親の収入で生活している子供」そのものじゃないですか！

高橋　そうなんですけどね。

小沢　マサカリかついで熊にまたがっているんですよ？

高橋 マサカリも熊も関係ないよ……。昔はね、16歳未満も扶養控除の対象だったんだ。でも2011年に廃止になって、その代わり児童手当を支給することになったんだよ。

小沢 なんだ、別のルートでお金をもらえるんですね。

高橋 ただ、ちょっとそちらの世界の政治では、どうなってるのかわかりませんが……。

金母 そのような手当はないですね……。代官はこちらの税制を参考にしてますが、政治にまで口出しはできないので、期待できないかも……。

小沢 かわいそうに……。**金太郎さん親子は母子家庭**だから大変ですよね……。

高橋 え！ そうなの⁉

小沢 そうですよ。ちょっと待ってください、確かスマホにメモったはず……。あ、これだ。金太郎は山姥《やまんば》の子として生まれてるんですって。近松門左衛門の浄瑠璃《じょうるり》『嫗山姥《こもちやまうば》』でも坂田金時の幼年時代が描かれていて、元遊女の八重桐《やえぎり》が山姥になって山中で産み育てたらしいです。

金母 よくご存じですね！

小沢 最近昔話関連のお客さんが多いんで、ちゃんと調べようと思ったんですよね。

高橋 知らなかったな……。しかし、そうなると話が変わりますよ。**金太郎のお母さんは**

「ひとり親控除」の対象になります！

小沢　〝ひとり親〟って、ずいぶん直球な名前の控除ですね。

高橋　最近できた制度なんだよ。これまでの寡婦《かふ》控除が見直されたんだよね。

小沢　かふ……？

高橋　そこからだよね……。「寡婦」は簡単にいうと「未亡人」のこと。寡婦控除は、夫と死別もしくは離婚して、かつ再婚していない人を対象とした控除だよ。

小沢　それのどこを見直したんですか？

高橋　以前の寡婦控除は、未婚のシングルマザーなどは対象外だったんだ。でもそれってどうなの？　ということで、2020年から「ひとり親控除」ができたんだよ。「ひとり親控除」は**婚姻歴や性別にかかわらず、生計を同じとする子を有する単身者**なら、35万円が控除される。

小沢　へぇ〜！　それなら金太郎さん親子にも適用されますね！

高橋　いや、まだもうひとつ確認することが。お母さん、いまお付き合いされている人はいますか？

金母　え？　いませんけど……。

小沢　どさくさに紛れて何聞いてるんですか！
高橋　大事な確認なんだよ……。「事実上の婚姻関係にある人」がいると、ひとり親控除は認められないの。パートナーがいるじゃん、ってことになるから。
小沢　なんだ、また興味本位で聞いてるのかと思いましたよ。
高橋　というわけで、金太郎さんのお母さんはひとり親控除の条件は満たしていると思いますよ。
金母　そういうことなら安心しました。これで税金が安くなるなら、あの子に新しいマサカリを買ってあげられます。
小沢　先生、マサカリ代って経費になりますか？
高橋　動物と相撲とって遊んでいるだけだから経費にはならないよ。
小沢　ダメか。
三母　それはともかく、今聞いた話を代官に聞かせないといけませんね……。
金母　そうそう、今まで余計に取られた分も返してもらわないと！
三母　こういうときこそ、うちの寝太郎が役に立ったらいいんだけど。
金母　そろそろ3年経ったんじゃないの？

三母 まだ半年くらいある。前回は山の上から巨石を落としてくれたんだけどなぁ。

金母 代官の家に落とせたらよかったね（笑）。

三母 あはは（笑）。そうだ、代官の家に行くときマサカリ貸してもらえる？

金母 いいよ、何本もあるから大丈夫。なんなら熊にも手伝ってもらう？

三母 助かる！　金ちゃんも来てくれたら百人力だよ。

金母 じゃぁ森の動物たちも集めてもらうね。

三母 代官め、覚悟してもらうわよ……！

小沢 せ、先生、代官さんが大変なことになりそうです……。

高橋 母は強しだね……。

高橋税理士の解説

生活費がかかりすぎるときの強い味方、「所得控除」を知っておこう

第8章で「控除」についてお話ししました。所得税を計算するときは、生活費のことも考えて「稼いだ利益から生活費相当分をマイナスして計算する」とお伝えしましたよね。ここでいう「生活費相当分」のことを「基礎控除」と呼びました。

でも、家族で暮らしていたら、一人暮らし以上に生活費がかかります。家族がいる場合の「生活費相当分」は、どのように計算されるのでしょうか。

◉家族に適用されるさまざまな「所得控除」

子供がいる家庭の場合、子供の生活費は両親の財布から出ていきます。よりきちん

と定義するなら「収入が少ない親族がいる場合、その親族の生活費は、稼ぎのある誰かが負担する」といえます。

裏を返せば、単身者は「収入の少ない親族」の生活費を負担する必要がありません。単身者が年間４００万円稼ぐのと、４人家族のお父さんが年間４００万円稼ぐのでは、生活の余裕が全然違うでしょう。それなのに「あなたたち４００万円稼ぎましたよね！」と同じように課税するのはフェアではありませんよね。

そこで所得税法では、**生計を一にしていて所得金額が48万円以下である親族**を有している人に対しては追加の所得控除を設けています。

「なんて中途半端な金額」「四捨五入して50万円でいいじゃん」という声が聞こえるようですが、この「48万円」は基礎控除と同じ金額なんです。基礎控除は「1年分の生活費相当分」のことでしたよね。つまり**「所得金額が48万円以下である親族」という条件は「1年分の生活費を自力で稼げない人」を意味するのです。**誰かのお世話にならないと暮らせない≒扶養される、という考え方なのでしょう。

表１　配偶者控除の金額

控除を受ける納税者本人の合計所得金額	控除額	
	一般の控除対象配偶者	老人控除対象配偶者※
900万円以下	38万円	48万円
900万円超950万円以下	26万円	32万円
950万円超1,000万円以下	13万円	16万円

※老人控除対象配偶者とは、控除対象配偶者のうち、その年12月31日現在の年齢が70歳以上の人をいいます。

ここで所得控除の種類である、配偶者控除と扶養控除の金額を表にしてみました。生活費が多く必要と思われる学生（19〜22歳）と高齢者（70歳以上）には、若干の割り増しがあることがわかります。

なお、配偶者に関しては、配偶者の所得金額が48万円を超えた途端に所得控除がゼロになってしまうことのないように、所得金額が48万円を超えた場合でも133万円に至るまでは**配偶者特別控除**として所得控除が継続します（所得が増えるにつれて控除額はだんだん減っていきます）。

そのほかにも、個人的な事情により通

表2　扶養控除の金額

区分		控除額
一般の控除対象扶養親族※1		38万円
特定扶養親族※2		63万円
老人扶養親族※3	同居老親等以外の者	48万円
	同居老親等※4	58万円

※1「控除対象扶養親族」とは、扶養親族のうち、その年12月31日現在の年齢が16歳以上の人をいいます。
※2 特定扶養親族とは、控除対象扶養親族のうち、その年12月31日現在の年齢が19歳以上23歳未満の人をいいます。
※3 老人扶養親族とは、控除対象扶養親族のうち、その年12月31日現在の年齢が70歳以上の人をいいます。
※4 同居老親等とは、老人扶養親族のうち、納税者又はその配偶者の直系の尊属（父母・祖父母など）で、納税者又はその配偶者と普段同居している人をいいます。

常より生活費がかかると思われる場合には、各種の所得控除が用意されています。

こうした所得控除は、国が確定申告のたびに教えてくれるようなものではありません。

細かい要件にまでは触れてきませんでしたが、まずは「こういう場合には所得控除がある」という点だけでも覚えておいていただければと思います。

表 3　配偶者特別控除の控除額

配偶者の合計所得金額	控除を受ける納税者本人の合計所得金額 900万円以下	900万円超 950万円以下	950万円超 1,000万円以下
48万円超 95万円以下	38万円	26万円	13万円
95万円超 100万円以下	36万円	24万円	12万円
100万円超 105万円以下	31万円	21万円	11万円
105万円超 110万円以下	26万円	18万円	9万円
110万円超 115万円以下	21万円	14万円	7万円
115万円超 120万円以下	16万円	11万円	6万円
120万円超 125万円以下	11万円	8万円	4万円
125万円超 130万円以下	6万円	4万円	2万円
130万円超 133万円以下	3万円	2万円	1万円

表 4　障害者控除、寡婦控除、勤労学生控除

		対象者	控除額	本人の所得要件
障害者控除	障害者	・障害者である者 ・障害者である同一生計配偶者又は扶養親族を有する者	27万円	—
	特別障害者	・特別障害者である者 ・特別障害者である同一生計配偶者又は扶養親族を有する者	40万円	—
	同居特別障害者	・特別障害者である同一生計配偶者又は扶養親族と同居を常況としている者	75万円	—
寡婦控除		①夫と離婚したもので、かつ、扶養親族を有する者 ②夫と死別した後婚姻をしていない者 ※ひとり親に該当する者は除く ※住民票の続柄に「夫（未届）」「妻（未届）」の記載がある者は対象外	27万円	合計所得金額500万円以下
勤労学生控除		・本人が学校教育法に規定する学校の学生、生徒等である者	27万円	合計所得金額75万円以下かつ給与所得等以外が10万円以下

◉控除のニューカマー「ひとり親控除」

2020年、新たに所得控除の仲間に加わったのが、金太郎のお母さんが該当すると考えられる「ひとり親控除」です。いくらなんでも直球すぎる名前な気はするのですが、決まってしまったものは仕方ありません。

ひとり親控除の控除額は35万円なのですが、受けるための要件はちょっとややこしいです。国税庁のホームページにはこう書いてあります。

> ひとり親とは、原則としてその年の12月31日の現況で、婚姻をしていないこと又は配偶者の生死の明らかでない一定の人のうち、次の三つの要件の全てに当てはまる人です。
>
> (1) その人と事実上婚姻関係と同様の事情にあると認められる一定の人がいないこと。
>
> (2) 生計を一にする子がいること。

この場合の子は、その年分の総所得金額等が48万円以下で、他の人の同一生計配偶者や扶養親族になっていない人に限られます。

(3) 合計所得金額が500万円以下であること。

(国税庁タックスアンサーNo.1171 ひとり親控除)

専門用語で書かれると「ちょっと何言ってるかわからない」という状態になってしまいますが、簡単に言うと「婚姻をしていない」「それっぽいパートナーもいない」「生計を一にする、所得が48万円以下の子がいる」「本人の所得が500万円以下」であれば35万円の控除があるというわけです。

私が金太郎のお母さんに「付き合ってる人はいますか?」と聞いたのは、別に狙っているわけではなく、「それっぽいパートナーがいない」ことを確認したかったんですね。

◉控除が増えたり変わったりすると……

それぞれの事情によって、「ひとり親控除」のような控除ができるのは、とてもよいことではあります。

……が、税理士である私にとっては、あまり手放しに喜んでばかりいられません。個々の制度の是非ではなく、あくまで税理士という仕事のうえで「ちょっとなぁ…」と思う要素が2つほどあるんです。

1つめは**要件が細かい上にちょこちょこ制度が変わる**こと。

社会の変化に合わせて税法は変わるため、税理士は勉強をし続けなければいけない仕事です。それは重々わかってはいるのですが……年々面倒になってきているのも事実。「しばらくこのまま変えずにいてほしい……」などと考えてしまいます（歳なのでしょうか……）。

2つめは**個人的な事情に踏み込まなければならない**こと。

離婚したこと、死別したこと、シングルマザーであること、障害があること……。正しく確定申告をするためには、こうした個人的な事情をお聞きしなければなりません。

ただでさえ奥ゆかしい性格の私は、そのあたりにグイグイいくのがお金の話の次に苦手です。

先ほど「しばらく変えないで」と言ったばかりですが、こうした負担をなくす方向に制度に変わるのであれば大歓迎。そういえば「近い将来、AIが税理士の仕事を奪い去る」と聞いたことがあります。負担だけでいいので、早く奪い去ってもらえないでしょうか。

最終章「浦島太郎」

税金を払わないままだとどうなる？

「浦島太郎」のあらすじ

ある日、浦島太郎は子供にいじめられていたカメを助けました。カメは助けてくれたお礼にと、浦島太郎を背中に乗せ、海の中の竜宮城に連れて行きました。竜宮城では乙姫が出迎え、たくさんのご馳走で浦島太郎をもてなします。何日か過ごしたあと、浦島太郎は地上に帰ることにし、乙姫は「困ったことがあったら開けるように」と玉手箱を持たせました。地上に戻ると様子がすっかり変わり、いつの間にか何十年も時が経っています。困った浦島太郎が玉手箱を開けると、白い煙が立ち上り、たちまちおじいさんになってしまったのでした。

アシスタント小沢くん（以下「小沢」）

先生、怖い話あるんですけど聞きます？

高橋税理士（以下「高橋」）

なんだい急に。

小沢　これは友だちがバイト仲間から聞いた話なんですけど……。

高橋　ちょっと、まだ聞くって返事してないよ？

小沢　夜中に知らない番号から着信が来て、うっかり出ちゃったらしいんです。誰かと思ったらそいつの先輩で、「明日引っ越さないといけないから、部屋を片付けるのを手伝ってほしい」と。急な話だなって思ったものの、先輩には逆らえないんで家まで行ったそうなんです。

高橋　なんかもう嫌な予感がする……。ちょっとやめよう？　ね？　こういうの本当ダメなの。

小沢　で、その先輩の家、足の踏み場もないほどめちゃめちゃ散らかっていて、いわゆる「汚部屋」だったんですって。明日引っ越すっていうし、急に呼びつけるなんて変だし、ゴミの山から何が出てくるかわからないし、怖いな〜怖いな〜って、大きめのゴミをどけたら……。

高橋　ど、どけたら……？

小沢　2年延滞したレンタルDVDが出てきたんですって！

高橋　……。

小沢　ドーン！

高橋　……それだけ？

小沢　あれ？　2年ですよ？　延滞料金がどんくらいになるか、怖くないですか？

高橋　まぁ、それなりじゃないの。

小沢　ちょっと〜。さっきまでめちゃくちゃ怖がってたじゃないですか〜。先生〜。

高橋　うるさい、うるさーい！　ほら、仕事仕事！

浦島太郎
すんません！　すんませーん！

小沢　あ、はい！

浦島太郎　昔話ならなんたらかんたらっていう、高橋税理士事務所ってここ？

高橋　宣伝文句が長すぎて覚えてもらえなくなったな……。あれ、その格好……？

小沢　釣り竿に玉手箱……。もしかして、浦島太郎!?

浦島太郎　そうそう！　あれ？　代官から話がいってんのかな？　じゃ話が早いや。いやぁ〜、この世界は人込みが多くて疲れちゃうね。ちょっとこのハコ置かせてもらっても……。

高橋　アワワワワ！　待って待って！

浦島太郎　なに？　めちゃくちゃ慌ててるじゃん（笑）。

小沢　だ、だってそれ玉手箱でしょ!?　うっかり開いちゃったら、僕らだって……！

高橋　この辺にそっと置いて！　片手じゃなくて両手で持つ！　そうそう……。よーしいい子だ……。

浦島太郎　大げさじゃない……？　ほら、置いたよ。置いた。

高橋　というか、どうして開けずにそのまま持ってるんですか!?

浦島太郎　どうしてっつーか、乙姫から「困ったことがあったら開けるように」って言われたし。別に困ってないから開けるわけないっしょ。

小沢　チャラいのになんて素直な人なんだ……。

高橋　とりあえず座りましょうか。それで、今日はどんな用件で？

浦島太郎　あのね、ちょっと説明してほしいことがあってさ。

小沢　さっき「代官から話が」って言ってたことですか。

浦島太郎　そうそうそう。俺さっきまで竜宮城に行ってたのね。知ってる？　竜宮城。

高橋　海の底にある、絵にも描けない美しさでお馴染みの。

浦島太郎　そうなの、超楽しくって！　もう住んじゃおっかなって思ったの。でもやっぱ地上の空気も恋しくなるじゃん？　そろそろ一旦帰るわって、またカメに乗ってきたのね。そしたら俺の家がないの！　ビックリしちゃって。

小沢　だってそれは何年も竜宮城に行ってたから……。

高橋　しっ！　小沢くん、それネタバレになっちゃうから！

浦島太郎　しかもさ、別の家が建ってて知らんオッサンが住んでるわけ。お前なんなの!?　ってモメてたら代官だっていう人が来てさ。なんだっけ、ふどうさんを？　こうばいに？　なんとかしたって言うの。なにソレっつったら、こういう先生がいるから聞いてきてって。

高橋　あの人、今度は説明責任の放棄か……。

小沢　でも先生、そりゃぁアレがあぁなってるから、浦島さんの家がなくなっちゃうのも、しょうがないですよね？

高橋　いや、これはね……。代官さんがちゃんと税務処理をしているね。

小沢　処理？

高橋　ちなみに浦島さん、ご家族はいらっしゃいましたっけ？　ご親族とかは？

浦島太郎　え？　嫁も子供もいないよ。両親は早くに死んじゃったし、親族とかよくわかんない。

高橋　だから失踪宣告がされてないのか……。（※「うばすて山」参照）

浦島太郎　マジどういうこと？　家ないの困るんだけど。

高橋　これ言いづらいな……。代官さんがこっちに投げるわけだよ……。わかりました。結論から申し上げます！

全員　……。

高橋　浦島さん、あなたは……固定資産税を滞納していたんです！

◉竜宮城に行っているあいだに「延滞金」が発生！

浦島太郎　固定資産税を滞納……？

高橋　確認ですが、浦島さんの家は持ち家でしたよね？　そして一人暮らしだったのでは？

浦島太郎　そうよ。あそこは家も土地も代々受け継いで俺のものなの。そこに知らないオッサンが……。

高橋　知らないオッサンの話はあとでします。持ち家ということは固定資産税が課せられていたはずです。毎年役所から請求が来てたでしょ？

浦島太郎　あー、ハイハイ。結構払うんだよなアレ。

小沢　そういえば浦島太郎さんって、何で生計を立ててるんですか？

浦島太郎　魚を釣って、自分で食ったり、市場で売ったりしてる。だからあの時も浜にいて、カメがいじめられるの見つけたんだよね。

小沢　そこから竜宮城に行って、だいぶ留守にしちゃった……ってことですか。

高橋　そうそう。だからしばらく固定資産税を払わない状態が続いて……。

浦島太郎　ちょ待って。っていうか、俺そこまで竜宮城行ってないけど？　長くて1ヶ月くらいっしょ？　滞納滞納って、それくらい待ってくれてもよくない？

高橋　……。

小沢　……。

浦島太郎　あれ？　2人ともどうした？　怖い顔して。

高橋　……言っちゃう？

小沢　……言っちゃいます？

浦島太郎　なに？　なんなの？　別にここだけの話だから言っちゃってよ！　知らなかったふりして戻るからさ～。

高橋　実はね、浦島さん。あなたが竜宮城に行ってるあいだ……。

小沢　地上では……何十年も経ってるんですよ！

浦島太郎　え？　えーーー!!!

小沢　ドーン！

高橋　そういうわけで……。あなたは**固定資産税を何十年も滞納していることになる**んです。

浦島太郎　マジで？　マジで言ってる？

高橋　だって向こうの世界の景色、だいぶ変わってたんじゃないですか？

浦島太郎　まぁ……変わってた……。いろんなものがなくなってて、その代わり見たことない物や、会ったことない人がウロウロしてて……。なんかおかしいなと思ってたけど、そっか……何十年も……。

小沢　可哀想になってきちゃったな……。

高橋　これからもっと可哀想になる事実を順番にお伝えしますけど……。まずね、固定資産税を払わないからといって、いきなり家を取り上げられるわけじゃないんですよ。

小沢　なんか、お知らせ的なものがあるんですか？

高橋　ある。納付期限までに納付が行われないと、納付期日から20日以内に督促状が届く。「払ってね」って。

小沢　一方そのころ浦島さんは……。

浦島太郎　まぁ、鯛やヒラメが舞い踊るのを見てたよね……。

高橋　それと同時に、**固定資産税に延滞金が発生する**んだ。納付期限の翌日から1ヶ月経過すると税率がぐっと上がっちゃう。仮に税率が年9％ぐらいになったとして、100万円の税金を滞納すると、1年間で9万円、5年後には50万円以上も延滞金が増えることになる。

浦島太郎　それって何十年も続くとそれなりに増える……？

高橋　それなりに増えますね。

小沢　やっぱり延滞金って怖いじゃないですか……！

高橋　この怖さを知ってるから、さっきのレンタルＤＶＤの話は全然怖くなかったわけ。「知ってる」って思ったから。

浦島太郎　そっか……。竜宮城に行ってるあいだ、税金払ってなかったのは確かに悪かった。でもさ、それと家がなくなってるのは何が関係あるわけ？

高橋　税金を取る身になって考えてください。納付期限まで待っても支払いがない。督促状を送っても反応がない。家に行っても不在。でも税金は払ってもらわないと困る。

小沢　すると、どうなるんですか？　浦島さんは竜宮城にいて連絡は取れないし、どうしようもないですよね？

高橋　いつまでも払わない人に向けた対処がちゃんとあるんだ。それが**差し押さえ**だよ。

◉浦島太郎に忍び寄る「差し押さえ」の影

高橋　差し押さえというのは、滞納者が勝手に財産を処分するのを禁止すること。すごく雑に言うと、税金を払う以外にお金を使えないようにしちゃうゾ！　って感じ。

小沢　そんな強い仕組みを軽いノリで言わないでくださいよ。

高橋　差し押さえにも段階があって、**最初に差し押さえられるのは給与と預貯金**。役所から滞納者が勤める会社に連絡がいって、毎月の給料から税金分を天引きしちゃうんだ。もちろん、全て天引きしたら生活できなくなっちゃうから、ある程度の上限はあるけどね。

小沢　うわぁ、お金をもらうところから押さえるんだ。

高橋　会社にも「あいつ税金払ってないのかよ」ってバレちゃうから、なかなか気まずいよ。

浦島太郎　でも俺、勤め人じゃないけど？　あと貯金もないし。

高橋　そうなると**次に差し押さえられるのは不動産**だね。自宅や土地を勝手に売れないようにしておくんだ。

小沢　だから知らないハゲたオッサンが住んでるんですか……!?

高橋　ハゲてるかどうかは言ってなかったよね。

浦島太郎　いや、ハゲてる。ハゲて太ってる。

小沢　よっし！

高橋　知らないオッサン当てクイズはどうでもいいとして……。この時点では、まだ家を追い出されたりはしないよ。今までと同じ家に普通に暮らせる。ただ、こっそり家を売っておいて「財産がないんで税金払えませ〜ん」なんて言い逃れは、この差し押さえで防げる。

小沢　なるほど。自宅も土地もあるのに税金払わないなんて、とんだ不届き者ですもんね。

浦島太郎　……。

小沢　あ、すいません。

高橋　それでも滞納が続くと、**動産を差し押さえる**ことになります。貴金属とか自動車……は、そっちの世界にないから、馬になるのかな。それらを売ってお金に換える。

小沢　フリマアプリで？

高橋　そこまでお手軽じゃないけど、ちゃんと仕組みがあって……まぁ、これはあとで説明するか。

小沢　浦島さんの家、なんか売ってお金になるようなもの持ってました？

浦島太郎　いや、うちは馬なんかいないし、一番大事な釣り竿は持ったまま竜宮城に行ったし。他に金目のものはなかったな。

高橋　差し押さえる給与はないし、お金になる動産もない。そうなると……。

小沢　と……？

高橋　最終的に、差し押さえられた不動産が税務署によって売却されます。それが**公売**です。

その頃・・・・

◉差し押さえられた動産や不動産は「公売」で売却される

浦島太郎　ってことは、代官が言ってた「ふどうさん」とか「こうばい」ってのは……。

高橋　おそらく不動産の公売でしょう。何年も滞納が続き、不動産を差し押さえてもまだ払う気配がない。なので、家と土地を公売にかけ、その利益を滞納分の返済にあてたんだと思います。

小沢　ちょっといいですか。その公売ってやつは、誰に不動産を売るんですか？　買ってくれる人がいないと、お金にならないですよね。

高橋　公売は原則として誰でも参加できるよ。小沢くんでも大丈夫。最近はインターネットのオークションサイトで官公庁が公売を行っていたりするね。

小沢　え！　そうなんですか？　オークション……公売……あ、ホントだ。家もあるし、バイクとか船まである。

高橋　さっき動産を差し押さえる話をしたでしょ？　動産を売却するのも公売なんだ。そんなに頻繁に行われるものじゃないけど、市場価格より低い金額で掘り出し物が見つかることもある。

小沢　へぇ～。こんなのがあるのか～。うわ！　壺とか美術品もある。知らない世界だなぁ。

浦島太郎　……。

小沢　すいません先生、ひとりだけ感情がゼロになっている人がいます。

高橋　まぁショックだよね……。竜宮城で遊んでるあいだに、自分の家が知らないオッサンに落札されているのは……。

小沢　知らないハゲたオッサンですよ。

高橋　どっちでもいいよ。

浦島太郎　そっかマジか……。じゃぁ俺の家と土地はもう、知らないオッサンのものなんだな……。

小沢　別の家が建っていたのは、古くなったから改築したってことですかね。

高橋　何十年も経っているからリフォームもするよね。あと……これも言いづらいんですけど……。

浦島太郎　は？　もうこれ以上なにがあるっつーの？　全部ぶっちゃけてよ。

高橋　何十年も固定資産税を滞納していたわけですよね。延滞金もかなりの金額になっていたと思うんですよ。不動産を売却しただけだと、まだ完全に返せていない可能性も……。

浦島太郎　うっそ、家と土地を売ったら終わりじゃないの⁉

高橋　売却した利益を返済にあてるだけなので、まだ債務が残っていてもおかしくないんです。しかもこの債務は自己破産しても消えません。その辺は代官さんに確認してもらったほうが……。

浦島太郎　……。

小沢　浦島さん？　浦島さん……？

浦島太郎　くっそぉぉ！　竜宮城さえなければ、こんなことには……！

小沢　わっ！　浦島さん、落ち着いて！

浦島太郎　な〜にが「困ったときは」だ！　こんな箱、こんな箱〜！

高橋　うわっ！　ちょっと！　やめて！　手を離して！

小沢　危ない危ない！　開いちゃう！　開いちゃうから！

浦島太郎　離せ！　離せってば！　ぬぉぉぉ！

高橋　やめて〜〜〜！　もう昔話はこりごり〜〜〜‼

高橋税理士の解説

罰金、利息、差し押さえ、公売……税金を滞納すると起こること

「私が税金を払うわ！」「俺に税金を払わせてくれ！」と、喜んで税金を払う人はなかなかいません。少なくとも私は会ったことがありません。

世間的にはむしろ逆でしょう。なるべくなら払わずに済ませたい、というマインドが多数を占めているはず。となれば、「隙あらば踏み倒そう」という人が出てもおかしくありません。

では、税金を踏み倒したら、何が待ち受けているのでしょうか。

◉手続きしないと「罰金」、遅れたら「利息」

国や地方公共団体といった税金を取る側は、ちゃんと納税しない人に「ペナルティ」を設けています。税金に関する申告手続きをしなかった人には**罰金**を、納税が遅くなった人には（割と高めの）**利息**を課すのです。

まずは「罰金」について。申告手続きをしなかったり、ごまかしたりすると、こうした罰金が課されます

・申告手続きをしなかった場合

⬇無申告加算税（地方公共団体の場合は不申告加算金）

・税金を少なく申告してごまかした場合

⬇過少申告加算税（地方公共団体の場合は過少申告加算金）

これらの罰金の額は、追加で納付すべき税額の10～20％ほど。ちゃんと申告すれば100万円だったものが、110万円になったりするわけですから、なかなかに重い処分といえるでしょう。

ちなみに、**「うっかり計算を間違えて少なく申告しちゃった」という場合にも過少申告加算税が適用されます。**税務調査で追徴税額が発生するようなときは、だいたい過少申告加算税がセットですね。

さらに、嘘をついて税金を少なく申告したといった悪質な事例には、重加算税（地方公共団体の場合には重加算金）という、もっと重いペナルティが用意されています。ごまかした金額が大きかったり、悪質極まりない行為だったりすると、刑事事件になることもあります。くれぐれも変にごまかそうとしないようにお願いします。

続いてもうひとつのペナルティ、「利息」について。

納付期限がすぎてから申告をする、後から修正をして追加で納税する……そうした場合には、**遅れた分だけ利息が付きます。**それが延滞税（地方公共団体の場合は延滞金）です。

この延滞税や延滞金は、金融機関の利息などよりはかなり高い割合に設定されています。あんまり低いと罰則としての効果がないですからね。

ここまで読んで、勘のよい方はお気づきかもしれません。「手続きを忘れていたので期限をすぎてから申告する」「うっかり少なく申告したので後から追加で納税する」、どちらの場合も**罰金と利息の両方が襲ってきます。**かなりつらい話ではありますが、ペナルティとしては仕方のない話でしょう。

◉払わない人への強硬手段「差し押さえ」

ここまでは「たとえ遅れてでも申告や納付をする」という前提でお話ししてきました。しかし浦島さんのように、いつまで経っても支払う気配がない、という人はどうなるのでしょう（浦島さんは悪意があったわけではなく、結果的に全て無視した形になったのですが）。

そんな人に、国や地方公共団体は強硬手段に出ることができます。とはいえ、いきなり乱暴なことはしません。映画やドラマで、親玉は最後までどっしり構えているように。

まず、滞納している人には**お手紙が届きます。**お手紙は「督促状」「催告書」「差押予告書」と段階を踏んで届き、後半に行くにつれて語気が荒くなります（※個人のイメージです）。

そして「こんなにお手紙を出しているのに想いが届かない」「あの人ったらいつまで経っても税金を納めてくれない」となったとき、いよいよ行動に移ります。それが**「差し押さえ」**です。

「差し押さえ」とは、税金を滞納している人の財産を差し押さえてしまうこと。

一般的には換金しやすい物や、預金あたりから差し押さえが行われます。確かに口座のお金を押さえて、そのまま支払いにあてちゃうのが一番楽ですもんね（この仕事をしていると、お客さんの通帳に印字された「サシオサエ」の文字と遭遇することがあり、見るたびちょっとドキドキします）。

他にも**給料が差し押さえられる**こともあります。

生活のこともありますから、給料の全額が国や地方公共団体に取られてしまうわけではありません。ただ、滞納している税額があることが会社にバレてしまいますから、極力避けたいところではあります。

◉それでも足りないときは「公売」で換金

口座を差し押さえたものの、この預金の額では足りない、というかそもそも預金がない、という場合。**動産や不動産といった資産が差し押さえられます。**

でも、税金は現金で払うべきものですので、「物」のままでは税金の支払いにはあてられません。そこで、差し押さえた財産を換金する制度が**「公売」**です。

公売は一種のオークションのようなもので、落札された金額が税金の支払いにあてられます。現在ではインターネットで公売に出た物件などを確認でき、私たちもカジュアルに参加できます。「公売」で検索してみてくださいね。

なお、公売という換金手段があるものの、不動産は最も換金しづらい資産であるため、手を付けるのは後回しになりがちです。それなのに、浦島さんの家と土地は公売にかけられてしまいました。預貯金もない、給料もない、動産もない……という状況のため、代官も仕方なく家と土地を差し押さえたのだと思います。そう考えると、ちょっと切ないお話でもあります……。

◉滞納したときのお約束「お手紙を無視しない」

浦島さんのような悲劇を繰り返さないためにも、まずは「税金を滞納しない」というのが大原則。それでもやむを得ず滞納してしまったとき、これだけは覚えておいてください。ぜひ復唱してください。

「督促状や催告書を無視しない」

督促状が届いたとき、無視したくなる気持ちもよくわかります。怒ってるな……と思うと憂鬱になりますし、お金を払わなければならない現実と正面から向き合えるほど、人は強くありません。

だからといって無視を続けると、だんだん相手の態度も頑なになってきます。正直に謝ったほうがよい結果を生むことは、桜の木を切ったことを正直に告白したワシントンも証明しています（でもあの逸話は作り話らしいですね）。

「怒られる」と思うと、役所に行くのも億劫《おっくう》でしょう。でも意外にも……と言っては失礼ですが、役所の人は優しいことが多いです。ぜひ腹を割って相談してみてください。払える範囲での分割払いなど、多少は優しい提案をしてくれるかもしれませんよ。

嘘をつかない、素直に報告・連絡・相談をする。

それだけでも最悪の事態は免れます。お役所との付き合いも、普通の人間関係と一緒なんだと思っていただければ幸いです。

おわりに

バイトの小沢です。皆さまいかがお過ごしでしょうか。僕は先生の事務所で働くようになってから、毎日退屈せずに過ごしています。米俵が届くのも普通のことになったし、動物がしゃべっても動じなくなりました。これって就活でアピールできますかね？

最近は、昔話の人たちからお礼の手紙が届くことも増えてきました。だいたいは事務所の入口にそっと置いてあるんですが、たまに矢文《やぶみ》で届くことがあってビックリします（この前はアイドルのポスターに矢が命中して先生が泣いていました）。

せっかくなので、いただいたお手紙をいくつか紹介しますね。

「おかげさまで財宝の確定申告を無事終えました。『鬼退治は単発の仕事』とのことでしたが、桃太郎はあの興奮が忘れられないのか、また冒険に出かけようとしており、毎日動物たちと何やら話し合っております。宝探しを商売として立ち上げた際はまたご相談するかもしれません」

「ひとり親控除など教えていただきありがとうございました。代官に説明したところすんなり理解してもらい、マサカリをちらつかせたり熊をけしかけたりすることなく片が付きました。ただ、余計に払った税金が返ってくるのか、まだはっきりした返事がありません。いざというときは寝太郎のお世話になろうかと思っています」

「浦島っす。今度、代官の家で住み込みで働くことになったから知らせとくね。『住む家ないんだけど』って相談したら、不憫に思ってくれてさ。ま、そのうち魚釣りまくって、また家建てるわ。そうそうあの箱、そっちに忘れてきちゃったんだけど捨てといて」

玉手箱は慎重にビニール袋に包み、ガムテープでグルグル巻きにしたあと、ロッカーに保管してあります。取りに来る気ないのかな、あの人。

それにしても、事務所でバイトするまでは「税金？　めんどくさ」という感じだったけど、先生の話を聞いてから「知ることって大事なんだなぁ」と思うようになりました。経費とか控除とか、知っていれば得することもあるし、浦島さんみたいに知らないと大変なことになったりするし。事務所をたずねてくる人たちも、最初は不安だったり、怒ってたりするけど、仕組みを知ると「そういうことか」って落ち着くじゃないですか。知ることって、心の凸凹を平らにすることでもあるんですよね。

最近、先生はかぐや姫の翁が置いていった水晶玉に向かっています。なんだか海外にもつながることがわかったみたいで、「狼に壊されたブタの家の固定資産税は」とか「カボチャの馬車は車両費になるのか」とかブツブツ言っています。大変だなぁ。

このバイト、まだまだ退屈せずに済みそうです。また変な人が来たらお知らせしますね。

［著者］

高橋創（たかはし・はじめ）

税理士

1974年東京都生まれ。東京都立大学卒業後、専門学校講師、会計事務所勤務を経て、高橋創税理士事務所を新宿二丁目に開設。

開業したものの顧客を増やしていくための営業方針が定まらず苦戦する中、酒好きが高じたためかドリンクをオーダーすることで税理士に相談できるイベント「確定申告酒場」を新宿ゴールデン街のバー「無銘喫茶」で開催。そこで、相談者の素朴な疑問に触れるうちに「税金のことを楽しく伝える」ことに喜びを感じ、雑誌のコラム、YouTube、プロレス興行での「確定申告マッチ」などであまり堅苦しくない税金ネタを発信するようになる。

著書に『フリーランスの節税と申告 経費キャラ図鑑』（中央経済社）、『図解 いちばん親切な税金の本20-21年版』（ナツメ社）などがある。

事務所URL：https://takahashi-hajime.jp

井上マサキ（いのうえ・まさき）

ライター

1975年宮城県生まれ。東北大学卒業後、新卒で大手SIerに就職。約15年SEとして勤務したのち、当時執筆していたブログをきっかけにライターに転身。「誤解のないように仕様書を書く」「クライアントから課題を聞き取る」といったSEの経験を活かし、エンジニア系記事を手がけるほか、テレビ番組レビュー、体験レポート、コーポレート系サイトなど幅広く執筆。また「路線図マニア」としてメディアにも出演。共著書に『たのしい路線図』（グラフィック社）、『日本の路線図』（三才ブックス）。

Twitter @inomsk

桃太郎のきびだんごは経費で落ちるのか？

――日本の昔話で身につく税の基本

2021年1月12日　第1刷発行

著　者――高橋創、井上マサキ

発行所――ダイヤモンド社

〒150-8409　東京都渋谷区神宮前6-12-17

https://www.diamond.co.jp/

電話／03･5778･7233（編集）　03･5778･7240（販売）

装丁･本文デザイン―山田知子（chichols）

イラスト――佐々木一澄

製作進行――ダイヤモンド・グラフィック社

印刷――――ベクトル印刷

製本――――ブックアート

編集担当――土江英明

ISBN 978-4-478-11036-2